L'existence croit, ininterrompue, dans un champ

De développement définit par les limites

Matérielles, entendues, incluant le naturel également,

Imagination, contenance de ce qui vite

Vie, a vécu durant des temps précédent,

Lointains, se réfèrent à ce dont on se souvient

Donc forcément tributaire des présences souvent

Relatives aux conditions dans lesquelles il convient

De grandir promulguant l'avancé spontané,

Proposant de remplacer ainsi de l'ordre,

De l'évolution, ce qui a vaincu sur la place confectionnée,

De l'interaction d'idée, la discussion sobre

Décidée à se pencher sur une obligation,

De considérer la naissance d'un bourgeon,

Lui permettre de laisser diffuser l'odeur

D'une nouveauté, la vue d'un rayonnement d'une clameur.

GRILLAGE

Sommation effective de décaler

Au fond la foison née de graines

Semées à profusion sur une allée,

Surface décimée abandonnée, rengaine

De l'activation mécanique systémique

D'une machination ancrée depuis une

Tel durée qu'elle est devenue constitutive, unique

Identitaire, démarcative, fondatrice, immune,

Promotionnel, image élitiste de celui

Qui est parvenue à atteindre un but, ici

Qu'aucun n'aurait osé tenter, solitude

Prélude à une apogée évidente de la turpitude

Bientôt mise à jour par l'exposition

Forcée du premier obligé d'assumer

Les adresses incombant par naturalité

A un grand ayant su arriver à cette position.

DIX

Grognon, le réveil difficile lève la tête,

Pataude, la repose lourdement quête

D'un renouvellement vain songeant fortement

A dénicher un élément durant ces instants

Restant, se miroitant la possibilité,

Évidemment incongru, de trouver, en un

Moment plus réduit, en comparaison à celui ayant précédé,

Une même immensité ingénuité, opportun

De remarquer la candeur d'un tel toupet.

Sitôt dans le début de la marche allant

Vers le couché, à tout âge, ineptie pourtant

Maintenu jusqu'à tard après avoir atteint des sommets,

Petite addition sera née du millésime,

Obtention des débuts de l'avancé, visualisation,

Double résultat de la persécution, de la mémorisation,

Par succession de franchissement à saut long.

PANNEAU

Forme la malice qui, propice

Au supplice, indique la direction

Au voyageur dont l'esprit, par déraison,

A cessé de discerner le censé. Esquisse

Trouvaille la rencontre renvoyant à

L'instant momentanément enclin

A abdiquer, plein de flou, cherchant un

Endroit par lequel s'extirper. La

Splendeur lumineuse jaillissant à ce

Lieu emplit la féerie du voyage

Vers des cieux, dote le déplacement d'adages,

Pouvant, à maintes reprises, refaire ce

Concours de circonstances répéter

Inlassablement l'arrivée à une apogée

Sensationnelle méritoire encore en quête

D'aboutissement mais déjà contenté dans la tête.

SEMBLANT

Soupir léger, long, par le nez.

La masse ondulatoire s'est retirée

Des voies les plus critique, la

Métrique à pu reprendre son cours,

Doucement, en veillant à bien

Poser le pas au bon endroit, un

Soupçon de retenu du poids lourd

Afin d'arriver à s'appuyer, à plat,

Sans soulever de poussière signe

De doute, frétillement de l'oreille,

Mouvement d'entente sur la ligne

De l'opinion, obligation de conseil,

Changement de direction, gestuelle millimétrée

A la vitesse mesurée quasiment au ralentie

Arcs de cercle aux membres des extrémités

Destinés à effacer l'éventuel averti.

CONSTANCE

Du début à la fin, droit le chemin

Menant au but escompté. La ligne

Tracée, imaginée dans une tête digne,

Bien faite, longuement meublée. Un

Soin particulier amené au besoin,

L'ensemble si réfléchit des instants

De dissertation induisent floraison d'illumination quand

L'initiation de l'engagement voit au loin

Poindre la candeur du souhait

Étapes définit protectrices de ponctions,

La dureté de la détermination, surtout en

Des temps exposés, font immunisation

De l'être envers les rayons, tend

A favoriser la réussite de l'immersion vraie,

Détente par la suite, conséquence de

L'habitude ayant confectionné la multitude.

PYLÔNE

Funambule gravit les échelons

S'agrippant habilement sur les boulons

Déambule sur la suivante poutre

Solidement liée au téméraire. Outre

Sa grandeur oriente les points

Scintillant sur les déserts, les hauteurs

Vacillantes, transporte face à toute

Adversité l'ouverture, permission, soute

Alimentée, viscosité des refuges, heurt

Subterfuge toujours émis afin

D'augmenter la superbe éminence

Du grappin facilitateur de convenance

Apparaissant soudain sur le terrain

Vide de voisin, livide, à l'essaim

Institué, dimensionné à la taille

De l'imposition à instaurer sans détail.

ORIFICE

Globule érigé en mystère sur

La surface conquise se propose

Telle une supposition dans le périmètre

Abordé, la révélation de la tâche cause

L'agglutinement, le réchauffement de l'être.

L'assemblée fourmille, de toute part, dure.

L'implication à passer outre devient

Obnubilation. La luminosité qu'abstient

Ce petit écartement renferme de nombreux

Souvenir éclaboussant le conscient.

A sa perception, prémices, faisant heureusement

Frémir la malice, se démarque, valeureux,

Par sa capacité à susciter, proportionnellement

A sa dimension, mais dans le sens

Inverse, l'interrogation sentiment

Congratulant aimablement l'exploration volontairement.

GARANT

Le contenu de la paume vaut, pour

Son détenteur, une énumération

Reconnaissable par un accord lourd,

Commun, s'instaurant norme obligation

D'utilisation sur une latitude définit

Dont la longitude l'est aussi, ses cas

D'emploi, cela va de soit, sont là,

Préparé à recevoir l'application, ici,

Peu fortuite : il en faut qui se dévoue

A tenir un rôle silencieux, de ce fait,

Pouvant être valorisé à un degré sous

La vérité mais à l'importance des

Certitudes inamovibles, malléables, il

Est nécessaire de le concéder, quand

La requête s'en ressent imposant

De considérer ce positionnement subtil.

RAUQUE

Unité entière, emplit d'exactitude,

File le long de la remonté saccadée, saine

De mansuétude à lancer sur la plaine,

Composée de signaux allant buter tard

Sur des polarités fixant sa constitution,

Traitant la réception puis, on le sait

Désormais, réagissant, mais il faut

Le voir, l'énoncé, pour le savoir car

Le volontarisme peut-être exprès, suivant

Le dedans, ce qui induit un retour rude

Provoquant une intrusion nouvelle. En

Découle, encore une étude résultant, une manifestation

Résonnantes aux traits tangents les précédents.

Le courrier permutant spécialement continuellement

Jusqu'à un réchauffement assez circonspect

De la voix empruntée tout en haut.

TÔT

Allant gaiement marchand sur le vent,

Le levant est venu le rayon est brillant.

La buse, engoncée dans la fraîcheur de

Son nid, point le bout de son bec devant

L'humidité post nocturne y stimulant

Une condensation faisant dégouliner

Une goutte froide sur le bois arrangé.

Le plumage embellit d'une rosée secouée

Douche l'autour réchauffé pendant la

Douceur de l'éclairage d'étoiles postées

Sur des cimes dorées illuminant la demande

De l'étendue, pouvant être apprivoisée

Par un abreuvoir de lumière déversée

Vers des privilégiés s'étant rapprochés,

Se disposants au plus près des sommets,

Aux premières loges de l'apparition éclaire de la matinée.

CHAUFFERIE

Ancrage en la demeure suppose de nombreuses

Fois un stationnement permanent dans

L'antre cernée de parapets coiffés quand

La variation des éléments à réclamé

Une superposition sereine d'une structure

Pérenne placide face à l'annonce querelleuse

De la production d'évènements extraordinaire

Sur la place concernée orientée au possible,

Renfermant certainement un sein passible

D'atteinte à son intégrité causant

Une désintégration cellulaire temporaire.

L'espace du développement du déversement

De l'incontrôlable arrosée à l'encontre

De l'endroit sûr, assortie d'une chute, montre

De la véracité de la nécessité de procéder

A une technicité amenant une hausse de température.

SUPÉRIEUR

Jonction faite entre les postériorités

Jonchant le sol vallonné où chaque

Plant a pu se réserver une grotte

Isolées y travailler ses pré requis,

Tranquillement, à l'abri de tout

Débris extérieur, prouvant à son fort

Sa capacité à œuvrer dans des conditions

Extrêmement rare, s'autorisant aussi

Quelques écarts accomplis au vote

De pressions du au grandissement opaque

Rencontrant des répercussions chez consort,

Lot de la quête d'indépendance, illustration

De la prise de connaissance bien protégée,

Matériellement, par la nature, aura absout

Le dressage circulaire approchant des

Autres en sélectionnant elle-même ce qu'il fondait.

FORET

Encombrement massif sur la colline

Estampillant la marque du nombre dans

La zone allouée, prisée pour ses qualités,

Dévouées, sauvagement éduqué par la

Grâce des autochtones la dirigeant

A destination d'oraisons directrices naissant

Au fond d'expériences anciennes, garant

De la communauté de profusion, contenant

Des croisements toujours fabricants

De sources au miel fidèle, à l'aspect pur,

Au goût formidablement propre à sa

Réputation dont la texture, cela va de soit,

Identique à ce qu'il est, collant par nature,

Mais l'énumération de son nom appelé

A généré ce qu'il a su semer, la machine

Ainsi instaurée traverse donc même la joie.

REPAS

Réunion honorifique, les doigts

Préparé à accueillir l'ustensile idoine, à

Une confection prudente, l'attention

Toute concentrée sur les denrées

Amenée à aller changer la dimension

Au cours de la réponse à une imagination

Prémonitoire partageant préalablement la loi

De l'évolution en plusieurs phases appliquée,

A l'inspiration de dégustation réalisée,

De marche, senteurs, visions, mixions,

D'une répartition parfois aléatoire, exploit

D'une cuisson menée graduellement, exécutée

A l'appréciation du chef ayant commandé

La fournée fustigeant l'embarras d'un plat

Mal présenté, dû, de toute façon, au cas

Où l'intéressé aura trop pensé à régaler.

MONOLOGUE

Longeant le bas, l'endroit à même

De recevoir le piétinement, la fine

Épaisseur stagne, fatalement, augurant

D'une bienséance facile en insufflant

La voluptueuse sensation d'immersion

En des fonds radieux de bonté, archivant

L'escalade progressive vers le lieu suprême

D'élection des contractions plurielles,

Firme des mélanges aux états différents,

Différant la propagation de l'onde, belle,

Inductrice de conversion du stationnaire

Vers l'extrême actif au but révolutionnaire

D'extraire la minime sonorité, tonalité

Comprise entre des niveaux acceptables de vérité

Objectivant l'acquiescement des bons

D'une partie commencée poussée par une turbine.

ACCOINTANCE

Minimalisme exonéré d'opiniâtreté

Soustrait aux jonctions ambiantes

L'attirance émanant des orifices

Émetteur d'effluves, chargés d'adhésion,

Actionnant chez l'altruiste âpreté

Une sensation tranquille d'équivalence

Substituant l'option de domination

Achevée d'être forgée par une méritante

Ténacité à vouloir évoluer d'un côté

Repéré sciemment à plusieurs reprises

En ayant l'intention requise de se poster

Ludique sur une propriété apprise

Au cours de ce déroulement emballant

Abolissant gravement l'équité découlant

Fondant ainsi une relation spéciale

Initiatrice du développement amical.

TORRENT

Blancheur de l'écume secoue les

Parois régissant l'écoulement droit

De la lancé limpide amenant son

Lot à destination, éprouvé, remplir l'imprécation

Récurrente de soulagement utiles à une

Continuation perpétuelle de la précédente

Saison distinguant certainement la moindre

Partie arrivant, appelant la mobilisation

Globale à se trouver en direction

De cette ponctualité rapide, occasionnant

Un bon nombre de fois le démontage ultra

Pointilleux, de positions tenues depuis un moment,

Incitant de ce fait les rôles à feindre

Une identité pourtant marquée d'empreintes

Perceptibles de l'écrasement nocturne,

Aussi diurne, de la frappe sur le parapet.

MÂCHER

Introduction millimétrée dans l'écartement

Mandibulaire augmente l'apanage crée

Quelques secondes auparavant par la

Volonté instinctive d'apporter aux cellules

Attractives le combustibles utile à

Une réactivation partiellement induite

Par la fourniture d'un morceau séparé

De son tout par le retrait d'un fonctionnement

Interne aux mécanismes parfaitement

Huilé enclenchant le décalage, emportant

Le bloc ingéré, afin de le proposer aux

Respectives sécrétions la recouvrant de

Leurs acidités organiques publique à la grande

Spécificité, réduisant d'une bouché elle

Demeure parfois, l'objet d'une réaction bienveillante

Revitalisant le semblant de baisse en trop.

BRANCHER

Plate étendue s'immisce dans le champ

D'étude, le calcul circonstanciel annonce

Une zone circulaire de plusieurs semonces

Envoyée depuis une localité renfermant

Des préparations aux formes régulières.

L'occurrence, manigance singulière

De réponse à des multiplications anodine,

Prospère subitement requérant une fine

Floraison de prononciations érigeant

Précisément, devant l'emplacement des

Boîtiers, impliquant l'assouvissement

De la vibration répandue par les menuets

En l'imbrication directe de la pièce

Dans les orifices prévus à cet effet,

En position d'attente, prêts, aux faits,

A remuer l'extrémité propagatrice de liesse.

ULTIME

Brassage sage, annonciateur de présage,

Gage de la bonne exécution des missions

Commandée à l'orée de la caresse du pelage

Soyeux du canidé habitué aux sommations

Pressante accélérant la projection vive

A destination du site de la viscosité

Contenu puis détendu par apprentissage d'esquive

Aimantant la monté, rétorquant au sollicité

Sa capacité à viser la provenance

De la tentative d'obligation, neutralisant

La tension conçue au besoin, extérieurement,

Disposant à distance règlementaire l'ambiance,

Tributaire de l'adjonction interne

Fignolées en ayant recours à des procédés

De laboratoires efficients rencontrés lors de la gouverne,

Son évolution, son avancé, sans avoir à ramasser.

DÉTALER

Poussière fusant sous les montants

Retenant la grosseur jubilatoire

Réchauffée longtemps pendant le soir

Par une complémentarité ayant doucement

Fait croître le niveau ondulatoire

Des notes proférées venues consacrer

L'adhésion à une assistance exutoire

Fouillant, au hasard des thèmes développés,

La voix par laquelle l'amusement

Sera procuré, souvent aidé par des

Tiers, d'une nature bien simplement

Différente mais animés par tout ces

Regroupement, il est important de

Le préciser, pouvant être matériel

Comme vivant, justifiant l'appel,

Poussant à bouger vite lorsqu'il quémande.

INDICE

Parution sommaire dans l'écrin de l'immensité
Verte, désappointement de l'extrémité de l'orientation
Atteint la façade plane de la représentation
Infime, bruissement mobilisateur ordonne

La patience du tout locomoteur tandis qu'une
Construction hors de porté du savant,
Compréhension contemporaine, s'instaure,
Pour une durée déterminée, le temps de la nécessité

De l'environnement, période pendant laquelle
L'adaptation meut le présent, procède, jamais à tord,
Au déplacement du requis vers une place neuve,
Machination temporelle, mettant à jour la lente

Apparition du dessein inavoué de chacune preuve
Inaccessible appartenant au mouvant sensationnel,
Perpétuelle puissance du jaillissement des sens
Opprimés poussant toujours positionné à outrance.

CLIC

Type abrégée d'espèce nouvelle lorgne

Sur sa futilité souhaitant un renouvellement

Accélérée des a priori. Prétention de, sur ceux-ci,

Pouvoir exécuter des sommaires additions,

Évolution de la précarité vers une faiblesse

Parfaite de procédés pioché sa et ici aussi,

Grossit plusieurs fois, modelées, prise, puis, prouesse,

Reprise, dotée de pièces amenant constamment

Des appréciations relevant de grands borgnes

Aux rayonnements de simple unité capable, comme des pions,

De s'élever contre la connaissance, l'ambiance,

La puissance, la ressemblance, tout en même temps,

L'uniformité soustraite. Ces constatations

Déforment la clause émise le plus souvent

En injectant, bonnement, l'émission de la description

Complète assurant seulement l'occurrence.

AIMABLE

Authenticité saugrenu amenuise la supériorité
De la dépense estivale aux confins du val
Construit sur des lambeaux récupérés de dislocation
Tardive par lesquelles la belle se libère

De multiples velléités coincées ailleurs qu'il
A fallu rassembler dans l'objectif de remonter
L'austère groupe garnit de coupure toutes au niveau
De l'accointance fabriquée patiemment naguère.

L'insertion immisçant la buté, bloquant mal
L'impression, pendant une durée d'amélioration
Basée très gentiment en arrière pays, équivaut
Au suintement d'une flopé d'entendement subtil

Qu'on a l'air de prendre en considération par
Obligation intrinsèque avec une pincée de
Tendresse à l'adresse exceptionnelle qui cède
Ce qu'autrefois on croyait être un grand départ.

JOUXTE

La côte ardue s'incline au fur et mesure

De l'avancé des pas. L'engloutissement de la distance

Se fait chaque fois plus aisée avec la facilitation

Du à l'exercice déployé à la veille de périodes

Habilité à générer des particularités internes

Dont les réactions blêmes seront en constante

Accréditation afin de déduire par la même scène

Des ressemblances caractéristiques servant d'option

A des garnisons souhaitant arriver à égaler

Les joyaux ainsi précisément accomplie et

Certainement serti d'une réalisation, ceindre

Tel qu'ils sont, la voix idoine, à suivre, lente,

Mais garantie, extravertie, lors de la pure

Confection millimétrée peaufinée au moindre

Grain pouvant surgir traité comme code

D'entré vers la marche du prochain sens.

ACROBATIQUE

Envolée spectaculaire a puisée dans la solidité

Plate de la croûte supérieure s'appuyant sur

Des sous-sols moribonds aux compositions poreuses

Amortissant la poussé puis lui renvoyant une source

Autrement centrale venu des entrailles d'un

Cailloux stellaire, chaleureuse, véhiculant

Le long du système l'ordre énigmatique

Prolifique propulsant l'ensemble dans une course

Sismique replaçant les émoluments gains

De l'initiation au sein d'antiques simplicité

Appelé à se renouveler chaque fois vraisemblablement

Qu'il sera nécessaire de tracer à hauteur onéreuse

Une marque de l'évènement présent, symptomatique,

D'une phase hypothétique, à inaugurer selon

Un rituel bien rodé enclavé dans des mûrs

Virtuel abstrait restant pourtant bien en fonction.

OCÉAN

Moment d'allégresse coïncide doucement avec une
Once de piaillement provenant d'un fond de coffre
Gonflé à bloc par des heures multipliés sans
Compté à enclencher un mécanisme altruiste

Censé mouvementer la cavité peuplée d'inventions
Hypothétiques, ajournée, aux attitudes aquatiques, à l'offre
Sarcastique, résolument facétieuse, alternant quand
L'évènement en soustrait l'entendement gagnant,

A se transférer des microns d'espace, une appropriation
Soudaine, dépassée typiquement, en rejoignant
D'immenses points de passages solistes
A l'unanimité providentielle figeant le long des lagunes

La remarquable souveraineté absolument extra,
S'étendant vastement, figurant comme étant
L'obligation ultime d'attester justement
De la faveur concédée par une si belle aura.

VERNIS

Signe avant-gardiste, l'aplanissement de la

Dune, façonnée sous un éclatant rayon lumineux,

A souhaité être conditionné lors d'embellissements

Du aux grandeurs fastes de la phase contemporaine

Pendant laquelle les travaux majestueux on connut

Une envolé pérenne cumulant les combinaisons

Émergeante, assemblant les extrémités, joignant l'illusion

De manière judicieuse, l'excédent pouvant sainement

S'appliquer à expérimenter en neutralisant le risque

Via des sommets éloignés de toute communauté reine.

Ces écoulements étalés malicieusement sur le matériau

Excellent lui pourvoyant une surbrillance d'apparat

Éclairant le volume conférant un poids de plus

Au bâtis supériorité sur laquelle les égaux

Sauront s'envoyer dans des dévers à eux

Au bout ponctué de similarités avec la forme en disque.

BRUME

Intériorité à partagé ses déplacements en

Contrepartie d'un état statutaire destiné à lui

Promulguer une partie de sa démarche choisit

D'après des sondages opérés en des endroits originaux

Suscitant une tension génératrice d'augmentation

Rapide d'une circulation habituelle, régulière, arrivant

Lors de l'initiation d'un intérêt particulier, exutoire,

Caressant les membranes externes, d'abord, puis

Cheminant calmement vers le coin où se trouve

Logé la totalité du foyer rempli d'homogénéité, aux

Bases précisant ultérieurement une hétérogénéité fonction

Mise en exergue quand vient l'exhaustivité méritoire

De réaction en chaîne procédant en répondant

Aux attentes des messages reçus requérant l'appui

De solidité en tout cas complétude expérimenté qui recouvre

La chaleur proposée sur l'étendu attrayant.

GOUTTIÈRE

L'antériorité méconnue des changements organique

Saugrenu use de la suprématie ambiante pour

Regorger de contenu oblique rencontrant toujours

Des oppositions différentes, il est de l'ordre du

Pléonasme de le dire, car forcément, elles aussi,

Ont une relativité doté d'une provenance qui

Ici est liée à ces modifications et au simple

Remplacement en fait de ce qui était par

Une nouveauté amenant son lot or celui-ci, art,

Jusqu'à preuve démontrées, acceptablement

Meilleur, puisqu'original, venant d'horizons au possible

Imaginé aidés de génie, bien sûr utilement,

Produit facilitant l'installation ailleurs du sismique

Dans le but de consolider la place du stable

Au subterfuge joyeux dissimulant seulement l'aperçu

Incongru déjà derrière des directions superbe sextuple.

VOLUPTÉ

Sensation exquise de douceur plane

Sur l'atmosphère, chaleureuse, subtile

Ressentie qu'une extraordinaire caresse

Chatoie, les sens les uns à la suite des

Autres, développement permanent déplaçant

Des masses hors du commun, d'abord pénible,

Par une technique permettant le soulèvement

De la lourdeur puis, au fur et à mesure,

Avancé progressive création d'un allant,

Onde génial englobant l'air, provoquant

Une dynamique faite de diverses vitesses

Organisées selon une superposition de soudure

De la plus petite, hyper speed, à la plus grande seulement,

Lente mais ayant une capacité beaucoup plus habile

Envoyant un étrange sentiment qui démodait

Toute tentative d'incursion dans le champ magnétique de la cabane.

SOLENNEL

Droiture introvertie avise l'horizon
De la grandeur arrivant au loin.
La plus belle image de la rigueur
S'adosse à celle-ci, promulguant

Autour la clameur, d'un puissant
Mouvement faisant étalage de splendeur
Sur la surface piétinée lentement.
Facétie complice ajoure l'augmentation

De traits habillant le pourtour d'un
Uniforme placide augurant simplement
Une scène sertie d'une dignité solide
Sûr, aux angles saillants, abstraite de

Tout artifice superficiel rectiligne
Représentant un aspect lisse mixions
De rigidité couplée à une primeur dont
La réaction de stupéfaction maîtrise tous les signes.

MUNIFICENCE

Aux verdures, prolifiques prolongateur

De vies modificatrices de l'humeur

Gage la propreté des constructions

Montée en liesse lors de resplendissante

Journée sobriété permanent à pu

Octroyer les forces nécessaire pour

Gravir les échelons du grand parcours

Jusqu'à atteindre l'état suprême du

Meilleur facteur d'apport d'indicateur

Fabricant de pureté destiné au fond

A maintenir une paix facile, lente

Progression vers une large sensation

De bien être, résultat de la diffusion

A l'échelle d'influences basiques, à l'heure

De multiplication des canaux d'absorption

Rouage de la malice instigatrice d'omission.

CANDÉLABRE

Phonétique ambiance place la confidence

A outrance au loin quand il s'agit de

Morfondre l'impérative question de

L'oligarchie supplantant toute les

Exubérance feinte de la magnificence

Outrage de la classe poids excessif

D'apparat relié à des superlatifs

Trop présent pour être dans le camp

Des qualificatifs propres. Habillements,

Parement superficiel le rendant substantiel,

Dévotion de l'apriori au service

De la tromperie ayant lieu le temps

Uniquement du passage sur le parcours séparant

Le mode de transport de l'entrée au sommet

Déterminant les plus values futures délices

Des percepteurs gageurs du bonheur gagnant.

PLÉNITUDE

Variation centésimale de la pendule

Régulatrice du fonctionnement exact

Des transmissions placées précisément

En coordination permanente, offrant

Une mécanique propre à tout élément

Présent, reconnu par le résultat qu'il

Apporte comme étant une constante,

Une certitude de sa réalisation, acte

Fréquent, de manière à être une éloquente

Adjonction à l'existant, impatiemment

Souhaité dont l'œuvre modifie le nul

Appliquant pendant une durée chaque

Fois plus longue une vérité obligatoire,

Méritoire, lot de tous sur la plaque

Des canidés habitués, désormais, au fil,

A se conformer à ce qui à lieu jusqu'au soir.

CLASSEUR

Grandeur subversive de la création
Humaine, mène les troupes vers une
Direction toujours différenciée par
Rapport au voisinage efforcé de

Proposer une originalité méritoire,
Mission personnelle, reçu de force cachée
Impersonnelle, engageant la profusion
Silencieuse dans une action atemporelle

Jonchée quotidiennement de soubresaut
Dont l'évitement se produit grâce, souvent,
A une lévitation abstenu par un travail en
Nombreux temps, sarcasme de la belle

Inclinaison envers une destination insoupçonnée,
Façonnée d'exubérance, aussi d'un haut
Taux de volonté à aller affronter chacune
Des épreuves disposées devant l'anode.

ENCHAINEMENT

Bousille l'authenticité par une

Capacité à continuer sur une lancé.

Le commencement des évènements

Opère sur le champ du marchand

Le propulsant dans une sphère, opte

Forcément pour un débarquement

Lent sans bruit du nouvel entrant,

L'entourage le régulant, façonnant

Carrément sa conception fraîche

Composée d'éléments surprenant censés

Renouveler l'étanchéité de la brèche,

L'apparat impeccable se trouvant

Immaculé pour les années restant,

Semblant de bonté allant en s'amplifiant,

Devant les entités du moment, vote

Convenant à franchir les anciennes lacunes.

CULMINER

Sagace saccage sur le bord du marécage

Diffuse sur la dimension autrement large

L'homérique grandeur du labeur

Continuellement fignolé, durant des heures,

Nombreuses, savamment exécutées sur

Le périmètre délimité au cours d'une

Soirée organisée justement pour

Réussir à réaliser la partie tour

De la voie dessinée sur mesure

Sur laquelle les formes de dunes

Dénivelé bosselé composeront un

Circuit au cours duquel la formalité

Répétée aura bâtie pas trop en vain

Une contenance réappropriée renouvelée

Rafraîchie améliorée d'options originales

Dont l'utilisation fera de tout normal.

SOBRE

Cadenasse la meilleure partie de l'a priori

Scindée suite à des portions ayant

Fatalement pris des proportions, ici,

Propre à l'existence des capacités,

Au sein d'un groupe habitué à procéder

D'une façon adoptée, adaptée plusieurs

Fois, même en raison du déplacement

Engendré par des motivations provenant

De similarités justement identifiés

Représentant une ramification minuscule

De différences cependant utile à amener

La direction nécessaire à un allant

Orienté vers une aspiration dont, mineur,

L'équivalence est tellement difficile

Qu'il est naturel d'en apprécier la bulle

Dans laquelle projette ce fait facile.

GARNITURE

Fioriture sur la plate forme

Circulaire provenant des fins fonds

Terrestre, obtenu d'une attentive norme

Conformément aux informations

Reçu du prédécesseur, d'au dessus

S'occupant justement de garantir

Sa continuité en prévoyant l'essentiel

De tout les cas de figure, pouvant

Se présenter, pour lui, au moins, le ciel

Étant le seul véritable décideur dans

L'emplacement concédé à divertir

La diversité qui pullule gravement, perclus,

Depuis pourtant l'apparition de ces

Sympathiques petits accompagnements de

Circonstances amenant couleur, mets,

Devant faire bouger, cependant, la demande.

SENTIER

Bombée au sol, battu par les pelles successives aplatissant

Le terreau sableux de sa constitution, il s'enfouit,

Bordé de hauts mûrs, duquel il tire sa formation, allant

Doucement vers le fond, à l'extrémité flou, dont on

Aperçois vaguement la convergence des parois, suivit

De la couverture de sa précédence, se refermant, emmenant des alluvions

Ayant échappé aux frappes tassant l'ouverture,

La scission opérée entre les solides montants emportant

Rapidement le passant, l'étroit du vide chauffant

Vraisemblablement cet espace définissant sa largeur

Et donc augmentant la capacité de l'emprunteur,

Lui conférant petitesse au niveau de la vue faite d'une dure

Opposition générant du confort dû au fait d'avoir

A porter des extrémités faciles à atteindre aux touches

Ainsi grandit la sensation de puissance gagnée par ce savoir,

Aisance corporelle favorisée par l'arrondit, douceur pédestre au marché.

CADRAN

Gentille souplesse sur le parvis d'une esplanade

Bondée de lutins chapeautés, chaussé, tiré,

On pourrait dire endimanché, planté sur

Une dalle rigide elle-même apportée par escalade,

A dos de mulet, aux allures de mouflet dur,

Tous venu là soutenir une cause dont on

Ne saurait définir l'ampleur, les minus,

Regardé de haut par les anciens ayant interféré

Savamment mais intrinsèquement, depuis

Des temps lointains, se sont fait tellement

Nombreux, on gagné tellement en discernement,

On commencé à croire en leurs pensées,

Se sont concerté, on réussi à se mobiliser,

A se défaire de leur état de constitution

Pour se retrouver autour de la même idée, aujourd'hui,

Instant fondateur indiquant la marche à suivre jusqu'au bonus.

OISIF

Oh la boule est là, façonnée à divers

Endroits, ouverte en ces points, on en sait

Pourquoi mais ils sont là. Oh des trous qu'on

Essais de reproduire, structuré de telle manière

Qu'ils sont étudiés pour pouvoir les refaire.

Reconstituer leur technique, à commencer

Par l'électricité, les moyens employés ont été

Tel du matériel dur, hallucinations hilarante

Qu'avoir à comparer ce qui partout nait.

Au corps ici grandit mêlant la contrefaçon

A une trouvaille sans faille, prolongement super

De la terre, ses occupants, aux actions lentes,

Différentes mixions conduisant régulièrement

La mise en état pourrait-on dire, second

D'un bout devenant sujet à appréciations selon

Des dénominations encadrant déjà l'élément.

LESSIVE

Automaticité de la popularité engraine

L'extrémité à se soulever face au besoin

Magnanime du requérant de braver le soin

Fait au sollicité d'augmenter sa mince gaine

A l'encontre de l'emblème de la représentation

Aux fonctions propres à mener toute marche

Vers la résolution des dysfonctionnements

Isolés ceci grâce à des procédés savamment

Élaborés, informellement cependant, trouvant,

De là, une nécessité de mesurer un espace

Suffisant pour incorporer la basicité tenace

Ainsi adoubée l'auxiliaire découlant fatalement

Devant par l'émergence de l'appropriée super et

L'immensité de l'institution s'étant installée

Le gré des étapes formatant cette construction

Étant piquée régulièrement de coups de fourche.

SANTE

Grouille les encombrements gras du fluide muqueux,

Salive visqueuse dégouline le long des boyaux,

Fusion du mélange acide dans la cavité aux

Centre du corps mobile, circulation impeccable des deux

Membres moteur générateur de chaleur, sommant

Les éléments minuscules d'ordonner le courant

Par atteinte de point décis, précis, déclencheurs

D'étincelles forcément, attisant le mouvement du bonheur.

Articulation, coordination des particules savamment

Répartie orchestrée bruyamment, intérieurement,

Pourtant inaudible extérieurement, seulement

Quand le tout trouve une entrave lourdement

Reproduite régulièrement induisant une réaction

En dehors du cheminement de l'organisation

Naturelle perpétuelle, mécanique, autonome, parfois

Apprécié lors de sa chute mais aussi quand elle est métronome.

FOUDRE

Patiemment, la journée s'est

Écoulée sous un ciel bleu ouvert,

Aérée, respirant la liberté, nageant dans l'air

Qui, progressivement s'est saturé. Les

Nuages faisant leurs apparitions,

Épars puis condensés, gris éclairé,

Sympathique au début, se sont noircit et

Ont commencé à remuer par condensation,

Laissé échapper quelques gouttelettes

D'eau tempérée grossissant avec le

Temps, s'intensifiant, provoquant quête

D'abris, impossibilité de dehors rester.

Bientôt, diluvienne, accompagnée par le

Grondement du tonnerre fâché

De tant d'actes saccagés, entravés,

Sanctionne la terre d'un divin éclair lumineux d'électricité à-t-on pensé.

BANC

Sonate, le fluide parcours dans

La boîte crânienne acculé par

Le mouvement devenu accéléré car

Distance s'est faite sentir pendant

Longtemps. L'énergie à maintenu les

Tibia, péroné, fémur, dans une action

Aisé, rendu difficile par l'accumulation.

Alors, les notes affriolantes ayant soulevés

Ces membres motivés, le déplacement

Résonnant comme une source d'engouement

Ont chauffés à force d'être répétées,

Au même endroit appuyé malaxée

Massé, endoloris, la sensibilité jusqu'à

S'amenuiser diminuer abrutir l'esprit

Pour ensuite se disloquer dans l'embarras

Discordant, induisant le balbutiement accomplit.

PAZ

Masse universelle présente en

Quantité dominante, répandue,

Respirée par toute un chacun, dû

En conformité. Tranquillité ascendant

Sur les volontés, sobriété recherchée

Pourtant installée, existante dès

L'instant, stagnante, enveloppante chez

L'instigateur mélangée tourbe des

Mouvement édulcoré, salit, pourrit, transparente

Inaccessible à la destruction

Car un possible à toute tous lente

En est l'impression mais hors de cette question

Car trop rapide, la jonction de

Ses deux extrémités encore couverte

Fondue sur la mixions harmonie de

L'ensemble du début à la fin certes.

ARBRISSEAU

On a décidé de faire arriver un nouveau venu

Dans le monde des vivants. On s'est préparé à lui réserver

Une place prédestinée qu'on a béni du regard pendant des

Années nombreuses, l'endroit approprié auquel il fut

Envoyé lui sied parfaitement c'est le sien un autre

N'existant point celui là n'y échappera pas dessous

De la terre tâtée de quelques centimètres dissous

Un creux a été appliqué la petite graine notre

Origine de la croissance déposée y mettant tout

Le conscient réalisant l'acte bienveillant de doter

La planète d'un élément revigorant échangeant et

C'est évident du bon mutuellement, permettant au bout

Du cycle respirant de développer des propriétés enclenchant

Le processus du grandissement, petit tronc même les courants

S'en détournent à peine émergeant déjà résistant prenant

Sa dimension parmi les géants, poussera tout droit assurément.

SOIR

Et le vent du matin à soufflé épuré du nettoyage

De la nuit il s'est enrichie en se débarrassant par

Leur fuite des rejets de la veille a put se régénérer sage

Bénéficiant de la cessation de tant de mouvement car

L'agitation l'avait encombré de subterfuge dont il

Se serait ménagé flèche est revenu a parcouru

Les allés réchauffer l'ambiant tandis qu'en vu

Céleste l'astre a appuyé sur les mœurs subtiles

Habitués à se presser chercher le précieux

Ustensile nécessaire au soulagement des

Volontés assoiffé de relever le challenge curieux

Proposé par l'environnement tournant mais

S'abaissant doucement diminuant progressivement

La hâte vers le gain le remplissage de la mission

Instinctive conduisant assombrissement aux relâchements

Délassement enfin préplacement de la garde musculation

TRAVAIL

Gonflement leurre, l'hardiesse mise à contribution

Les joues pleine, muscle contractés, concentration

Sur le labeur à accomplir orientation placé

Sur l'attention de la réalité. Exercer l'habileté

A confectionner une tâche confiée initiée

Personnellement, la résolution à accomplir

La conception cérébrale investissement produire

La construction implication imprégnation à réussir et lasse

L'abnégation du lendemain toujours revenir

Au fil du temps, répéter le geste d'innombrables

Fois comme une perdition comblement de l'espace

Matricielle qui chaque jour fait changer la table

De sa composition l'agrémente de nouvelles capacités

Occupation volontaire contrariété au levé

Marche en avant manquant dans les moments

D'inactivité sureté du contexte enveloppant humblement

AISE

Semblant de prospérité s'impose sur l'assise

Retrouvé d'un appui tant de fois rencontré

Fondu dans un décor humble d'autres horizons

Propose un instant de recul face à un paysage

Terminant une période vaincue offrant ainsi

Une originalité extraordinaire plaisant

Réconfortant la patience de journée de passage

Aux moments furibonds d'insouciance

Partageant la ressource profonde de la science

Au caractère foisonnant de la verdure environnante

Dissipé au long de lointain tableaux bien joli

Envoyant une bouche d'aération limpide acquise

Par l'exploration superbe d'authentiques

Lubriques idées appliquées lors de permission concentrée

Sur la capacité à extraire l'essentiel des bons

Les mettant à profit à l'occasion d'obliques

EN-TÊTE

Absorption magnifique sur l'oraison vitale

Objecte la compassion d'obtenir ses fins

Dans des conditions toujours particulières

Avec l'objectif présent de déterminer

L'emploi de facilités à des buts très

Convoité de croissance exponentielle tournée

Vers de célestes portés sainement singulières

Aux pourtours modifiés fabriqué par maintes mains

Oxymores déluré aura obligé l'actualité à

Saupoudrer d'énoncés les ouvertures souvent buccales

De fonds assaisonné de minuscule attrait

Pour la prononciation exact de portrait résultat

D'avertissement la plupart du temps sans frais

Consentant à délimiter le périmètre d'accès

Car la clameur de splendeur est vraie

Toutefois assez sommaire en excès

PRÉPARATION

Participation temporaire aux délimitations

Placée selon les impulsions électriques touchant

Les zones du mouvement circonférence

Linéaire concrète répondant aux envois

De l'environnement justifie l'exécution

Rapide de décisions pendantes du matériel

Présent proposant un nombre d'utilisation

Varié dont la réalisation sera aussi dans tout les cas

Liée aux ondes émanant de la cavité à laquelle

Est attribué la plus grande activité génération

D'émotion auprès des manœuvres principales

Dotée de la capacité d'intervention en différence

A plusieurs autres bien développée mais arrivant

Comme complément face à l'unique chenal

Par lequel l'agissement se fait prend forme

Se finit évidemment ainsi va la norme.

BALLADE

Gauche petit pas en avant sur la pointe

Du pied soulève l'autre membre d'un air

De légèreté bras sur le cotés le tout

Est fluet la mimique bien jouée sphère

Supérieur bien levée sifflotant comme par

Enchantement ambiance l'environnement

Lui fournissant un aspect de facilité bonnement

Arrivée l'impression est un déplacement épars

Pouvant aller partout fuser à tout endroit

L'appui aisé caractérisé par une gravité où

Le poids de l'atmosphère semble avoir disparu

Figure imaginée imposée par l'inspiration étreinte

Du mobile subtile chorégraphie diffuse sur la vu

Une agréable sensation de bienêtre qui parfois

Octroie l'envie d'accélérer mais le rythme décidé

Est d'emblé celui prévu destiné pour une telle sagacité

OBLONG

Absolument magnifique la candeur mise

En exergue se manifeste chaque fois qu'on

En requiert le besoin la facilité avec

Laquelle est obtenu le résultat ostentatoire

Traduit l'énorme consensus harmonieux

Opéré lors de l'appel aux qualités providentielles

D'un tout céleste dont la pudeur d'action

Provient des plus profondes sollicitation elle

Représente alors la magnitude permanente

Jubilatoire animant la grandeur promise

Toujours maintenu au fil des années oratoires

De la reconnaissance programmée substantielle

Monde caractérisant la dimension sur les cieux

D'une mouvance crée afin de diriger la lente

Croissance d'une évolution remarquée charnelle

Soumise à des fournitures de données intrinsèques.

FRONTIÈRE

Appréciation séculaire placée sur une zone

Débattue souvent pacifiquement au combat

Parfois délimitant l'agrément de l'habitant

Selon son bon vouloir au cours de scène

Montée en utilisant les éléments présents

Les sentiments irritant lors de réactions

Épique issue du positionnement de l'autochtone

Lors d'enjeux identifié dans des moments obscènes

Engageant à un penchant marqué pour une

Idée fomentée par un devers de paroles

Provoquant le passage de ligne en un point exact

Instaurant définitivement un morceau du sol

De son occupant sas biens ses affiliés

D'un côté impliquant pour quasiment toutes solution

Un accord obligatoire comportant lié

A des considérations dont on fait fi peut-être des lacunes.

TRIANGULAIRE

Pointe les extrémités de la ligne repique

Au côté gauche côté droit au choix

Puis continue sur la même lancé oblique

Les traces dessinées peuvent s'allonger

Ininterrompue sur la surface prompte

A recevoir le message codé imaginé

Au gré des pensées évasives délimitées l'aire

Qui viendra à être trouvée

Puis une fois encore vire dans une direction

Afin de clore la forme ainsi approuvé

Utilisée de manière multiple pluridisciplinaire

Développant la représentation d'une situation

Remarquée dans les alentours au détour d'une voie

Restée figée dans les lieux approprié opte

De ce pas pour reporter ce fait sur le bout

D'un instrument servant à consigner le tout.

SCORE

Captation à distance souhaitée l'évaluation

A durée une fraction de mesure temporel

L'évacuation des excédents obstruant systématiquement

Ouvre le champ de la perception augmentant

Le calcul nécessaire à une réduction de la voie

Différenciatrice la coordination succédant

Plusieurs gestes minutieux dont l'adjonction

Aboutie à une production globale sensationnelle

Dotée d'une rapidité plaçant hors d'atteinte

Toute tentative d'empêchement scindant

Les réactions en de vaines dépenses énergétiques

Propulse l'encombrant dans l'horizon dépendant

De la décision de la source dotée de l'ensemble

Des informations obligatoires à un emploi

Opportun de la finition portée à visée maintes

Existant assurément à des fins il semble.

RECORD

Augmenter le défilement le battement

Des éléments profil un grand évènement

La discontinuité constatée est remplacée par

Une régularité au commun peu de fois

Constatée pour ainsi dire jamais. L'adéquation

Avec laquelle l'envoi est effectué correspond

Totalement à la sollicitation de l'environnement

Les fragments portent incessamment l'habitude

Vers une réponse dont la réalisation originale

Se situe à un niveau tout à fait nouveau normal

Car la façon employé élaboré savamment au delà

De toute connaissance pré-requis conquiert patiemment

Le parterre médusé des assistants qui goulument

Faisant abstraction des précédentes vicissitudes

Observent tentant de déceler la provenance de l'épar

Exécution précise sur le flot des géants gagnants.

SIGNIFICATIVE

Ébullition dantesque sur la plateforme

De sécrétion émane une effusion stupéfiante

Enivrant tout candidat à l'inhalation violente.

Les couleurs remontant par les orifices propices

Sont dotés d'une odeur proche de l'addition de toute

Les fleurs, essences véritables, palpables, par l'énorme

Organe prévu à cet effet. Aussi, la profusion calice

De tous à une particularité constatée à l'ouverture

Des membranes censées vérifier ce type d'évènement

Qu'on saurait apprécier par la porté à l'endroit

Approprié de la mince diffusion qu'on nommerait conséquemment

Goût, seulement en plus de l'engagement de ces trois

Jauges entre en ligne de compte un élément dure

À assimiler du fait de sa nouveauté chercher

Forcément à cerner ou exactement à appeler

Cela serait possible si l'on savait ce qu'il en coûte.

DIMINUTION

Archétype de l'abstraction matricielle une

L'oraison poursuit sa découverte sur la voix

De l'exploitation mise à jour par l'écoulement

Des particularités minimes à chaque pas

Effectué doucement regardant par halte quoi

Proposer en réponse à l'agrément de contenu

Orientant la progression rendant justifiée simplement

Sa probité car située sur des délimitations immunes

Au parcours aseptisé par la force à braver

Récompense bonne hors de toute binarité

La fourniture devant se faire afin d'être débarrassée

D'un bien souvent défendu argumenté par de meilleurs

Phases enjolivé à coup de magnétisme pourvoyeur

De conditionnement dont la véracité toute désuète et

Apparait au fil des crépuscules source de quête

Infondé telle la consistance envoyée est façonnée de glas.

BAISSE

Sur la surface soutenant les êtres vivants

Déploiement des longueurs maintenant l'origine

De l'allant dont on dit qu'elles sont animées

Forcément puisqu'à la source des fabrications

Utilité a cumulé un nombre indéfinis de répétition

Afin de pouvoir exister trouver une mention

Auprès de la population relayeuse des termes sauvegardés

Appris comme étant indispensable à une évolution

Parmi ceux-ci ensuite la détermination d'une

Plus grande qualité à permis de solliciter exactement

Le mouvement induisant une liaison

Rapportant directement à l'évènement produit

Suscitant dans l'endroit approprié surement une fine

Sensation conduisant la manifestation commune

Vers l'élément servant à qualifier la magnanime

Nouveauté comme étant adapté au fait aperçu ici.

DONNER

Aube naissante déjà aux aguets fraîcheur

Chaleur brise étouffée la lumière point

Les étoiles disparaissent la lune a vu l'heure

Descend de l'autre côté outil en main

Manche de bois pioche de fer la palette

Aligné prête à en découdre sur les versants

Bientôt ensoleillées pente ardu les vertes

Broussailles asséner les coups retournant

La terre dos courbé tout les muscles

Du corps mis à rude épreuve goute dégoulinant

Salées récupérées à économiser ménager, renâcle

Sous l'effort, l'eau précieuse éléments

Denrées rare semée revenir couper taillader

Tailler puis récolter sur des jambes mise à contribution

Les bras chargés de poids tirer pour amener

Vaillamment d'un regard saisir tendre ouvrir compassion de la libération.

LOUER

Urgence le besoin a alerté l'envie d'utiliser
Activité à mener instantanément
Manque évident de proposer au destiné
Le bien répliquant à sa propension passablement

D'être traité contraint de s'orienter
Vers un solutionnèrent applicable immédiatement
Ponctuellement en évitant tout engagement
Alourdissant les encombrantes velléités

Des vendant à surcharger l'emploi du temps
En fournissant une plage à planifier
Occupant la réflexion à savoir comment
Caser un nouvel arrivant au rayon fier

Des permanents lui certifier un lot
Dans la perspective de grandissement faire couler l'eau
Suant quand bien séant l'aller permis
De s'équiper l'espace facilitant un rendu toutefois remis.

LOGEMENT

Intempéries intempestives balais le monde
Cunégonde se promène sur le domaine
Soufflerie inflammatoire déboire sonde
Torrentiel mène les pas assouvies vaines

Marche sur le chemin endolorie courbé
Au bout du buis stock de fruits
Caché sous les foisons abris succombé
Sera la salvations salutaire à l'orée du bruit

Fera taire la nuit hérissons pies pour
Compagnies bercera l'autrui au pourtour
Des champs de blé approvisionnant
En grain pelleté de gravillons massera sillonnant

Fourré bien installé repos méritoire
Hors des barrières du chauffage électricité
Valdingue les questions de l'occupation dînatoire
Circule le courant d'air au risque considéré.

EMBARCATION

D'abord un plan d'eau magnifique

Étendu bien long large dont on

Aperçoit le bout qu'en naviguant qu'on

Parcours à perte de vue de crique

En halte profitant du soleil brûlant

L'eau est fraîche les goutes exaltent

Quand elles atteignent les parties exposant

Attirance certaine le plongeon mate

La surface avec une envie de s'y satisfaire

La tentation est de tous les instants

L'écoulement sur la peau la froideur

Du matériau la procuration d'effets tant

Animant si particulier du corps humidifié

Flottaison à proximité du rivage sur

Une construction navale de type bois

Mu par une motricité ingénieuse déterminé pur.

ANNEAU

Entour l'élément d'un matériau dur comme

Le besoin proposé d'assouvir satisfaire le problème

Afin d'évoluer vers une construction peu même

Rudimentaire rond circulaire solide en fer sème

La tenaille sur les entrailles de la terre par

La garantie d'une pièce vide en son centre

Cercle d'envergure diverse déverse au quart

De la moitié une fixation qui empêche l'autre

De se déformer oisillon insignifiant à sa

Perception tellement utile en vérité qu'on a

Tablé plusieurs siècles sur cet outil au point

D'aujourd'hui s'en défaire une ignominie un

Morceau statique présent jusque dans les

Boyau x de l'être du monde aussi quiet

Visible comme s'il avait eu la nécessité

De se manifester de se sublimer en nombre d'unités.

FAUFILER

Jaillit sur les cimes accapare les terminaisons
Stimule soudainement immobilise l'attention
Fixe sur la cible l'objectif comme unique
Perception gonflement brusque la panique

Se trouve se l'autre côté de la limite
Atteinte par ce nouveau degré cristallisation
De la raison isolation de la solution
Diffusion instantanée parmi le bit

De décision ferme est le résultat de son
Opération abstraction de l'autour abrège
La réflexion octroie grande force passons
La volonté première l'envie la motivation

En ligne avant répliquent à l'unisson
Tous membres au service de l'unité
Envoi les bonnes directives afin c'est
Avérer de glisser dans l'espace restreint de la glorification.

BILLE

L'heure de la pose a sonné le sachet

Bien rangé patiente au fond du cartable

De l'écolier secousse frénétique louable

La tension s'est déclenché le mouflet

S'est mis à chercher agrippe la bourse

D'une poigne de fer prêt à se positionner

Faire valoir ses boules de fer course

Folle vers l'aire de jeu les aptitudes réquisitionnées

Vont parler habileté valeur subjective

Taille beauté goût se mesurer application

Le maître mot coup d'œil doigté récursive

La sollicitation de la sphère placé vision

Touché haletante la partie sa règlementation

Parlementation gain le roulement est huilé

Le moment tant attendu est arrivé le plan

Va fonctionner le mécanisme va s'enclencher crier sa vérité.

STATURE

Avancement sur la partie solide du globe

Déplacement établie par l'entendement

Possibilisme grâce aux fournitures condiments

Autres fonctions de l'alimentation gobe

Les minéraux soutient la position soit

L'accord a prévue de se tenir droit

En tout lieu dans l'alignement d'un

Point situé au-dessus de la crête bien

Arrivant exactement entre les pièces

Où posant fondamentalement l'espèce

Se différence de cet aspect du moins

De ses congénères foulant le même sol

Respirant un oxygène tout aussi plein

De ressources, aux réactions pourtant molles

Au vue des conditions clairement plaint

Car leurs propositions plane frôlent le vain.

BORD

En bas le vide e dessine au fond une surface

Perceptible nuisible entre les deux une magnifique

Ampleur assimilée au gouffre l'immensité casse

L'assurance de celui qui a osé regarder unique

Effet grand ou petit il est le même le risque

De braver la barrière différend les conséquences

Multipliées s'abstenir de franchir le pas pudique

Raison lorsqu'il s'agit d'un précipice éloquence

De la voix qui garda la réaction d'avancer dans

Le sentier mais si l'arrivée est proche palpable du

Doigt d'un saut une cascade alors si l'extrémité vu

Aperçu est malléable tel un liquide un matelas en

Tester le défis à priori oui la porté est de tous

Chacun voudra même se mesurer aux aléas

D'une chute vertigineuse d'un vole qui formera

L'intérieur pendant le temps minime ou ultime de la frousse.

GRIBOUILLIS

Tout droit gauche droite direction vers le bas

Virage remonte puis effectue une boucle

Une deuxième, une troisième, un quatrième, souple

Encore des ronds des cercles entassés, empila

Continuation courbes à volontés pic en haut

Pointe en chute libre soulèvement de l'avant-bras

Tension augmentée de volts tentative d'imagination

Initiation d'un sens tracé d'un trait oblique

Reprise une forme pensée semble se dessiner

Se profiler on croirait à une voie réfléchit mais

Soudain excitation saisi le crayon le presse, sonne

L'envoi de nouveau dans une danse agitée donne

Le tournis envahi la perception secouant obscurcissant

Le papier d'un démembrement du poignet flexible

Insensible aux rappels de patience propulsant vers

La jouvence exultation du bougon mais issue d'un jargon.

ONOMATOPÉE

Cubique forme différencié sur fond circulaire

Pose le triangle sur la pointe tient en équilibre

Fait tourner tel une toupie les doigts appuyèrent

Sur l'extrémité dotée d'un bitoniau délivre

La lucidité souffle sur l'hélice multicolore

Voit des dessins mirobolants. Rectangle surface

Plénière dont nombreux terrains utilise les bords

Les distances afin de cadrer leurs règles voraces

Des jeux vertigineux ovales ronds les balles

Au pied main raquettes maillet batte club

Fréquemment usité boule sphérique rebondit mal

Le carré est posé sur un cylindre debout sub-

Devant le parallélépipède hexagone supporte

La matrice conique instrumentale soudoyée aux portes

Des hameaux aux frontières arrondies indéfinies

Fluidifiant le déversement d'allégories rabougri.

ÉQUERRE

Métrique conventionnel la malléabilité

Peut exister car la sureté est né

Détermination ostentatoire à vouloir

Des traits réguler l'allé les agencer voir

La signification de leur organisation

Les censer suivant une précision peu

Illusoire en apposant communément deux

Lignes octroyant une modification de la vision

Conséquemment à l'insertion dans un

Champs délimité par l'extrêmement petit

Grâce à l'outil, toutefois, grossier, qui éteint

L'incertitude provoquée par la vue de nez aussi

Plaçant approximativement, cependant, il est

Possible d'ainsi le qualifier tant dans

Cette discipline la justesse avance sans mais

Vient caler apporter l'angularité recherchée droite évidemment.

PHOTO

Temps nouveaux ont vu apparaître du

Bout de leur doigt enthousiaste la

Représentation de leur portrait d'un éclat

De génie produit par l'adjonction vu

D'éléments terrestres induisant la capture

De lumière projeter sur un morceau

De papier permettant par enchantement d'un saut

D'un bond l'obtention de la consigne en dure

De l'image de tout un chacun être

Paysages sur une surface permanente

Toujours présente visible pour mettre

Au souvenir des plus anciens, grandes tantes

Mamies et encore plus loin le rappel

Des évolutions passées se remémorer quel

Moyens étaient utilisés afin de manier

Les propositions selon ce dont on pouvait disposer.

MALICE

Blême le visage les traits se plissent

Observation de la situation, vive la tension

Idée judicieuse entre les temps venant s'immiscent

Véridique le glissement introduit une révélation

Douce main tendue sous le papier supposition

Propice capable de solutionner une problématique

A des apports propres fine la critique acclamation

Subtil de la décision le comportement empirique

Adapté au soubassement sourire apparaissant

Faisant partie de l'attitude de la complétude

Forcé par la chaleur augmentée induisant au sud

Une détente des muscles jouissance intérieur impulsant

Une bride des paupières traduisant l'évènement

Gonflement allègrement des joues cuisant

Sous l'effet sulfurique de la tonique sensation

Offrant un positionnement mince au-delà de carrément la raison.

INCERTAIN

Pas évidents scrupuleusement les effectuer

Les poses sur la terre ferme trouvent un appui

Garantie peu avancé le suivant en vertu

Tendre vers l'action à réaliser depuis

Le départ ayant conçu la phase à accomplir

Oui mais arrivé sur les lieux les flux

Intercédant ont tranchés la préparation fait fuir

La bonne direction contenance est intervenue

En cadrant au mieux de sa puissance

L'établissement de l'entrevue préalable palpée

Imaginairement organisée pourtant dans la balance

Les moindres circonstances identifiées ordonnancée

Mécaniquement répétée la pièce a pu se jouer

Contraction dépliage largage préhension la tension

A aussi été évaluée nonobstant lors de la procession

Plusieurs éléments ont introduit l'approximatif démêlé.

TERRAIN

Vaste pleine aride sous la magnificence

De l'eau a pu de son vide être comblée

Voir naître de son sous sol livide du blé

Des tomates et des navets d'abord la plaisance

A répandue sur sa surface son étendu

Du fumier moribond aux déjections tellement

Nauséabonde mais aux richesses prétendues

À pu faire vérifier ce fait la couche puisant

Se ressourcer dans ses oligo-éléments, regorger de bienfaits

Concrétiser la minuscule graine en une

Immense denrée dont le pratiquant sait

Tirer partie en garnira son dîner ses lacunes

Pourra travailler grâce aux forces procurées

Par l'espace initialement en friche

Qu'on savait à peine nommer a su se transformer

Nourrir l'homme botté subvenir à sa biche.

IDOINE

Mutinerie cérébrale sur les multitudes de choix

Possibles interférant entre eux par leurs qualités

Et sur la voie à donner aux évènements soit

L'option recette provenant de plusieurs propriétés

Visant à satisfaire la requête du demandant

Supposément préférerait accorder assurément

Le plus grand nombre l'autre éventualité

Serait d'y répondre directement aspiré

L'existant en en prenant les parties

Utiles aboutissant à de l'approprié répartie

Rendant expressif l'ardument de celui

Dont l'attention est l'objectif conférant lui

Ainsi une consultation normal puisqu'il est

Le principal intéressé par la solution qu'on

Essaie de mettre en place grande évolution

Vous pourrez en discuter il se traite ici de faire parler les objets.

ÉVALUATION

L'exégèse a capitulé les lignes étaient

Trop nombreuses la lecture du fait

A remis à une date ultérieure l'analyse

Du texte qu'elles composaient soumise

A l'environnement elle est construite

Selon ce qu'on connait forcément

D'un paramètre l'augmentant elle peut fortuite

A réception d'un nouveau renseignement

Décupler pour atteindre des émoluments

Sans précédent attention car ceux-ci

Sont aussi en proie a une chute libre si

Opportunément dans le creux de l'oreille le vent

Amenait une succession de syllabes

Ordonnancée d'une certaine combinaison

Qu'elle façonnerait une déflagration,

Renvoyant la réflexion au besoin premier du nabab.

DOUBLE DÉCIMÈTRE

Monde ébahit ouvert au ciel bleu découvert

Approximation bout de ficelle pouce

Pied outil de mesure même le stade vert

Fut employé la nécessité a voulu de douce e

Concorde découle l'idée d'un compromis

International, suite à une naissance

Une trouvaille de taille appliquée à méconnaissance

Plus de précision des petits espaces pour la courtoisie

Permettre d'évoluer d'une largeur

Communément définit d'abord basée

Sur un support serti de traits régulateur

Séparés scientifiquement selon des données

Obtenus par des critères émergeant automatiquement

Dont la sélection a été faite d'elle-même

Puisqu'aujourd'hui présent préférentiellement

Sur une longueur dans la maintenant à côté des toujours comparse les lemmes

VÉGÉTATION

Chlorophylle de la fougère énorme difforme

Peuple les environs recoin disponible informe

Liquide transparent de la présence d'une localisation

Spacieuse avantageuse pouvant accueillir l'embryon

Du développement base de la chaîne dont tous son

Garant respectueux empressé de consommer poliment

Le don fournit allègrement poussant tellement bon

De nulle part apparaissant subitement lentement

Mais surement augurant de la concaténation

De facteurs providentiels dont l'addition

D'aides y compris celle du ciel du bonheur est

De la connaissance protection féline de la faune

Créera la foison arborescence renfermant secrets

Vertiges abstraits ayant fusionné avec les zones

Porté chaque jour recouvrant les passants absolument

L'existant proclamant son exclusivité sciemment silencieusement.

SERVANT

Augmentation conceptuelle l'assise est complète

Les bras détendu sérénité acquise le souffle

Est régulier installé au fond du siège en vedette

Les briques ont été posés le dessein couple

Avec les personnes est accomplie l'œuvre

Au gré des décennies conduit à vouloir

Pour ses systèmes moins d'ennuie manœuvre

Logique ménager les dangers répondre à son devoir

Pouvoir s'équiper se focaliser sur une

Stature resté impliqué dans une discussion

Et en garder le fil améliorant finition

Contour débit se tranquilliser autour de la lune

Permission est judicieuse de se faire

Amener sur sa position les goûts essence

D'une cogitation soucis du profit claire

Étranger au bien adressé favoriser la clairvoyance

SUPPOSER

Peut-être la quête a laissé des jalons
Qui tout bien considéré ont été observé
Observation ayant formulé dans le cervelet
Des ondes agglomération paramètres long

Au point d'avoir à contracter la mâchoire
Plier la langue exsangue faire passer l'air
Dans les cordes les titiller puis au lieu de taire
Se risquer a avancé un son dont le miroir

Est hypothétiquement ce qu'on a croire
Face à autrui aux variations possiblement
Désenchantant car infondé fabriqué uniquement
Du bien vouloir des connaissances choir

Sur la parution de la signification de cette
Élocution prononcée par son in sureté en pointillé
Engendrant la fragilisation de la relation liée
A un zèle potentiel de l'ordre des lettres fluettes.

ATTAQUE

Ions positifs se branchent sur les

Négatifs frictions étincelles créations

Cric le bruit du frottement enrôlé

Vers l'avant dirigé sur l'objection

Activation des turbines lancer la machine

Échauffement des éléments froid se dessine

Changement de matrice vision altérée

Pulsation accélérée prise d'information

Organisation placement des coups lacérés

L'aversion attention la perception

S'est modifié battement des fonctions

Tempes les secondes défilent plus

Vite le souffle s'est décuplé le jeu est lu

Feintes le semblant l'attirail est en mission

Mélange les pistes intimide le placide

Le fluide a percé il va pouvoir agir acide

PASSE

Tic rapetisse thon rapeton par ici

Les mistigris par là les gros gras

Hausse la misse saute le glouton gît

Visse la vis crisse le supplice dans l'embarras

Foudroie l'éclaire huis de l'hospice

Vol l'hirondelle mise à plat des sauterelles

Jaunisse des caprices verdoie les prémices

Milice gentille myrtilles au goûté la marelle

Sempiternelle caillou jusqu'au bout

Tapisse récréation propose la course

Lisse le bon si sûr s'en ira oh la bourse

Sente les roses sur la clairière joue

Les avions parade escalade sur la montagne

Daigne l'excursion visiter les bourgeons

Vie l'obscure sa sensation rédemption

Relevé le préau suit les saint avec ses pagnes.

PLANCHER

Artère passante sur les appartements blancs

Écrase la poussière invisible fine s'y trouvant.

Tasseau aggloméré du noble matériau

Craque sous le poids de l'occupant. Vermisseau

Ont commencé à s'y attaquer, rencontre

Confort humidité, chaleur, tranquillité,

Pouvant y développer une vie saine contre

La volonté du propriétaire qui, dans son habitabilité

En est dérangé. Charme pourtant de tout

Temps, à habillé les châteaux les plus beaux

Pendant longtemps, délaissé comme partout,

Comme souvent, à refait son apparition, eau,

Usure, ayant été dépassé, mais aussi car

On a apprit à l'utiliser. Il s'est placé, art

Nouveau, frais, s'est procuré un collant,

Compagnie venue le préserver des rayures abracadabrante.

DESSIN

Dans des temps lointain, monsieur

Le manichéen a vu arriver dans

Ses pensées des idées aux velléités au creux

De ses paumes, pleines de pression, quand

La contenance à été sa décision,

A été obligé de les voir fuir,

Reluire sur une surface, où, elles, friction,

Ont voulu resté imprimé, prendre, grandir,

S'extérioriser, par la production manuelle

De la circulation, contraction se servant

De l'automation des inventions, belles,

Pour illustrer maladroitement sur les plans

Les projections reçues, provenant, à son intrigue,

Pensant, par leurs matérialisations, se sonder,

Voir de ses propres yeux la forme, irrigue, inondée,

La boîte crânienne au point de la faire déborder.

DESCENTE

Paré, le courage gonflé à bloc,

La ligne de mire point comme une

Cible à atteindre. S'immisce la cloque,

Obstacle unique à franchir. Dunes,

Virage à appréhender, la technique sera

Mise à rude épreuve lors d'une déferlante

A haute vitesse. Moyen d'évolution, bras,

Jambes à contribution, la vue, bonne entente,

Sensations prêtes à se mesurer aux effets

Proposés par le parcours qu'il faudra

Surmonter. Différence faite par le savoir

Accumulé dans une autre matrice, le corps se retrouvera

Propulsé le temps de l'effort. Gestes et faits

Proportionneront les chances d'arriver, voir

Ligne synonyme de victoire sur le morceau

Dévalé apparaissant tel un survol, changement de niveau.

TITRE

Haut de la page contient beaucoup de sens,

Dans le déboulé de la lecture trouvera l'essence.

Enfermement de la signification des mots

Multiples, symbolise la composition du texte,

Trône au sommet apposé tel un maître, vaut,

Pour l'imagination, d'extraordinaires contextes

Fournisseur de songe, accrocheur de fabulation.

A sa compréhension, s'arrêterait l'hypothèse

Encore plus magique d'avoir la confusion

Du contenu par l'émission de vision balaise

Proposant une similarité de pensée, ébullition,

Avec celui, si grand, car exposé, ayant la capacité,

De rédiger un fond sur lequel, chacun, gouverné,

Aurait souhaité s'exprimer, projetant par une fonction

Celle de résumer mieux, synthétiser au sein d'un rêve,

D'une évolution planante, bonne comme la lourdeur du glaive.

BUREAU

Je m'assois devant toi prêt à me tenir

L'extérieur devient abstrait, la contenance

Apparait. Surface délimitée par l'espace

Du solide découpé, formé sur laquelle soupir

De liberté viendront s'appuyer les corps,

Les bras, le papier, l'outil, mépris de l'ignominie,

Ouvert, sans frontière, mais tellement pris

Par la privacité de l'intimité qu'à support,

On le privilégierait à toute autre défense

D'approcher. L'enfourcher est un départ

Vers des aventures hors du temps, à part

Du monde, attraction accessible lance

La pensé transformable en tout endroit,

Transportable de ce fait avec toi, donc

Opposable même sur le toit virtuel quiconque

L'a expérimenté souhaite le retrouver, faire face à soit.

TRANQUILLITÉ

Fourmis pratique son sillon des va et viens

Approvisionne la maison mère sur terre

Dans les aires miss abeille en fait de même tiens

Des allers retours alimentent la reine propriétaire

Insecte à patte ou ailé la pie aussi vie ainsi

Brindille de blé pincé grossit le nid abreuve

Ses protégés chat siamois rôde longe les mûrs pleuve

L'eau rayonne le soleil du soir au matin éclaircie

De son butin regagnera son logis grandit d'une petite souris

Grise comme les loups dont le gibier le poulailler

Ameute la meute encadrée prêt à s'imposer

Coursé l'acculé lièvre bondit au-dessus des pissenlits

Broutés par le faon voisin du cerf parfois

Amateur de coléoptère glisse vers l'arachnide autrui lois

Aspiré quand mal inspiré le long d'une trompe aux plis

Légendaires opportunément offensé par le rikiki colibri.

VOITURE

Goudron supporte le poids des pas

Multiple. Chemin à emprunter là bas,

Destination à explorer, lointaines, proches

Dans sa poche boîte de fer posée accroche

Le sol par ses bouts de caoutchouc

Détient la tôle la caisse où s'installer

Confortablement même usée, le siège fait aller

Vers des contrés d'un point A à un point B sans le sous

Guide, tourne, le mange, va au virage,

Ligne droite avant le col jambes allongées,

Voit défiler la campagne se soucier uniquement de l'arrivée,

Juste là, disponible, coup de clé enfermé en marge,

Prêt feu partez pratique qu'à embarqué,

Aventure toujours couverte, chaud froid dame

Auto a grise mine au moteur quand on cesse de la remarquer

Tranquillité prolongement des membres liberté au macadam.

ASSISE

La compassion est née après avoir constaté une somme

D'événements dont l'influence sur les éléments, les gens

Était tel qu'il fut nécessaire, le mot est faible, obligatoire trop peu cependant

Impératif pourrait être qualifié de pléonasme

D'avoir une position attenante consentant quelques ressentiments

A l'égard d'un mouvement qu'on a bien souvent

Accepté sous la contrainte d'une vieille technique de conviction

Appelée persuasion dont l'argument principal, convenir qu'il est sale relève de
l'inattention

Est la piété, contemporainement atemporelle au vue

De la magie opérée lors des regroupements des particules dont elle est issue

Pourtant sciemment, nonobstant des afflux gênants des clignements

Contradictions au solennel strict constitutif garant

De l'entièreté physique, elle est venue gripper des mécaniques, l'acceptant,
besogneuses

Construites méticuleusement à force de travail quotidien

D'abnégation implication patience outrant le manque de commun

D'effets produits sur l'instant à la souveraineté d'utilisation houleuse

PROUE

Au vent brise les nuages, l'air glacial

Du large, tête montée au devant des cales

Envoi l'arrivée, comme une nation annoncée,

Amarrer les rivages les plus éloignées

Coup de semonce dans le paysage de l'horizon

Derrière sont regroupés les candidats au voyage

Représentation de l'ensemble du tout des clivages

L'ordre y a regroupé son but ses compassions

Grosse sculpture dans le bois façonnée

Au goût des rabots ciseaux finement martelées

Poncée soigneusement l'attention portée à élément

Rejaillira projectile lancée sur quiconque lèvera curieusement

Les yeux sur cette mise en joue de prendre

Garde à sa majestueuse robustesse censée freiner l'hardiesse

Du receveur par sa créativité, position, étendre

D'un geste la clameur à propager sur l'expression de la justesse.

ADJECTIF

Pic l'objet contemple sa circonférence de haut en bas parcours

Son état qu'un tout uni composé de formes natives issues

De l'agglomération de faisceaux dessinant une courbe saillante ou douce rondelette
tribu

De la vivacité ambiante forgeant le fond des faits. Velours

Qui facilite l'opacité affligeante de l'immobilisme savamment divulguée par différents
procédés

Lui attribuant des descriptions aux qualités énumérées

Via des mimiques labiales fournissant étonnement prudemment

Plus violemment même moins gentiment des sons dotés de proscription quand,

Entrant dans le circuit de l'entendement, déchirent la platitude de la plénitude

Grésillant sur les parois des conduits, descendant puis remontant, venant taper

La matière surprendre la régularité confortable figure de l'habitude

Désarçonne le rythme, pas à pas, mais grouillement imprimé

Le monte en flèche, sinusoïde au sommet, vascularisation, secousses

Chauffent l'opiniâtreté sensée positionnant en son sillon

Pré constitué la raison d'une simple énonciation

Grommelant à l'attention la suggestion de quelques inévitables jeunes opportuns
nouveaux pousses.

ALOI

Circule tête haute regard droit devant

Le pas décidé libéré de toutes contraintes

Migre vers une destiné imaginé auparavant

Réflexion faite pendant longtemps lors de moments, lumière éteinte

Pesant le bon an mal an sur des fondations pérennes, l'étendue

Du rayonnement de la démarche face à une inclusion globale

Évaluant la porté le bon entendement en fonction du

Contexte considérant les ressources pouvant être perçues, loyales

Atteintes collatérales d'une action visant des unités amenées

A apprécier ce fait futur jaugeant de sa neutralité

Ce dont il est doté vis à vis de circonstances constituées de positivité, de négativité

Il s'agit là de la composition de l'émission d'une opinion fabriquée

Selon des marques références ayant un sens uniquement

Au sein d'un environnement au nombre certain

Où sa naissance est possible grâce à l'accumulation, pour chacun

D'à priori de repères induisant à prononcer ce mot tout bonnement.

THERMOS

S'en va le voyageur dans son périple accomplir délibérément

Sa fonction de la tâche qu'on lui a attribuée. Froideur s'est invitée,

Et, seul, sur son lieu de réalisation ressentira le besoin d'être réconfortée

Rapproché de points chauds, ambiances, conciliabules, cependant

Tel un jouet se sent loin de son logement ce qu'il représente ses amis, son cadre,
enfants.

Une pensée l'évade de l'instant présent fait courir sur son système dos nuque plus
particulièrement

Un bouillonnement rassurant rappel puéril de son cocon

Logis illuminera la journée le temps de cette escapade inopiné. On

Reviendra au plaisir de l'actuelle, laissera à la place de cette effervescence

Un espace échappé d'où le courant d'air de la fuite précipitée de l'idée

Créera une fraîcheur chute de température brusque dans un état installé

Fait balbutier la stabilité, Décontenance la consistance

Le lendemain afin de parer à ce manque, choc thermique, condensation, synonyme
d'écoulement.

L'émotion s'appuiera sur un rehausseur alimentant le foyer représentant celui-ci.

Mélange augmentant les degrés corporels facilement

En l'élément d'un objet casanier assimilé à une présence ludique qu'il personnifie

BORÉAL

Le matin, la chaleur douce caresse le corps

Suave, glisse, effleure la peau, amène l'esprit.

L'emmène, léger, en apesanteur, transporté fondue dans le décor.

A peine réveillé, extirpé des songes de son abris,

Vole jusqu'au bord de la falaise, aperçoit

Le sable, la mer, le ciel bleu. Au loin, une nuée est venue le déglacer de son uniformité.

Voile formé ahurissant, la mutualité des sens de la couche terrestre, loi

De la nature de proposer l'exceptionnel incomparable spectacle improvisé

Ayant lieu comme l'inspiration, quand bon lui semble,

Quand les conditions, en tout cas, sont réunies,

Quand le cheminement en a décidé l'opportunité puis

Quand il s'agit de venir réguler massivement l'ensemble.

Linceul, couleur clair, transparent, abreuve le regard de démesuré,

Insuffle au fond un souffle. Ce signe céleste gonfle l'âme,

Lui procure une joie exaltante car il clame

La grandeur visible, là, devant, présente, perceptible, de l'oracle incommensurable de l'irraisonné.

ÉCLUSE

Clapotis du liquide translucide divin pur magnifique se balade

Sur la surface du lit, monte, boucle gouttelette danse féeriquement,

Abreuve la multitude, crisse sur les pratiques chauffées, support de

Solidarité unique, une, si fragile, insignifiante matière des quantités puissamment

Amenées par d'énormes mammifères mécaniques obligés de franchir

Les dénivelés de la voie creusée, embrassés, épousés sagement,

Afin de s'y reposer, pouvoir couler patiemment

Des jours tranquilles guettant l'intempérie, la préparant s'en prémunir.

Automatisme judicieux garantie la traversé, circulation de denrées

Viendront remplir les besoins des contrés.

Consommation les verra disparaître par l'ouverture de vannes

Les transformant, changer de paraître, recouvrer un état plane,

Fonction de la solution d'acheminer d'un trait ininterrompu

Utilisant le poids naturel infiniment petit, devenir la mesure

De ce qui tend vers l'infiniment grand étant limité dans le temps dont l'envergure,

Pour l'instant, s'incline, face au minuscule qui est, pour son mouvement, de place
repu.

AMPHITRYON

Gorgeons bien désaltéré, à senti couler sur ses parois

Délavées la fraîcheur du fluide apportée, danse savamment orchestré

Grâce aux amabilités du recours à un repas facilité,

Cela va de soit, c'est pour cela qu'il a foi,

D'un messager venu gentiment susurrer la douceur mélodieuse

De l'enchaînement harmonieux des lettres

Composant l'intitulé des mets, breuvages matant la calomnieuse

Aigreur se manifestant au fond cachée par le paraître,

Spectacle ahurissant de l'exhaustivité des sens en éveil,

Exaltés par l'événement promouvant leurs capacités

Au point de se voir marqué au travers de cette merveille

Par l'instigateur monteur d'enchère destiné

A illuminer ses comparses, convives acceptant

Faiblement l'entrée de parties féeriquement présentées,

Repoussant la saturation au prix d'émoluments,

Naturelles origine de l'ouverture d'une goulue nouvelle activité.

PETIT

Ouistiti vogue de branche en branche
Du haut des sommets, fait balancer ses bras
Agile, distingue le géant en bas,
Bouger lourdement, déplaçant ses grosses hanches,

Levant les amas minuscules rabroue le sol le frappant,
S'agitant tête levée voulant intelligemment attraper
L'énergumène, l'agaçant de bruit strident,
Redoublant de souplesses, sauts, cabrioles, vol plané,

Essayant de suivre, isoler, traquer, acculant
Dans des recoins, l'enfermant dans ses mouvements.
Vent cependant à maintenu la volupté venu
S'affairer à souiller le puissant incongru

Son nez, ses aérations ont vus la particule gager ses capacités,
Ténor s'est retrouvé confronté à l'impassible
Mobilisé par ses propres grandes facultés,
Faire de lui la proie de ce qui était sa cible.

ENTRE

Interstice lumineux projette son rayon
Droit directement dans la couche stratosphérique.
Infime espace libère l'érudit scintillant ludique
Égaillant les assistants le recevant dans la vision

Zone abandonnée toujours délaissée
Obligatoirement créé par l'utile renfermant patience
Calme inactivité composant l'ensemble fabriqué
Par le vide formé de solides présences

Imbriquées, accrochées, vissées, scotchées, collées, adossées,
Membre à part entière du vivant parsème le quotidien
Le regarde spectateur de premier plan privilégié
Inexploré savoir ce qu'il s'y produit une interrogation bien

Loin des préoccupations exclues de tous soucis,
Ignominie de la pensée considérée la moindre
Proposition reliant ces endroits trop reculés au si
Hypothétique consistant long à voir poindre.

AVEC

Errent les pensées cherchant sur quel thème disserter.

Sa et là voguent chargées de puissance à déployer.

Petite, la propension trop succincte attire sans retenir

Pourtant d'actualité mais le temps s'en mêle fait fuir

L'irresponsabilité de s'y arrêter, en perdre à s'attarder sur la valence

Du retour faible au regard de la perspicacité

Des vraies concentrations aimantant l'attention la génération

De conductions immobilisant l'espace permettant l'affluence

D'éléments gravissant l'apparition infime après l'avoir sondée

Réagissant en renvoyant une réponse adaptée, d'inspiration

Adverse prise par parties fragmentées surmontées

En lui opposant le substrat adéquat doté

De la neutralité nécessaire à l'objectivité

Capturant le bon sens dans un dynamisme de réalisation

Créant un allant intercédant, épousant le constant régulier

Procédant à une liaison conditionnant plus grandement l'action

DRAPEAU

Surface étendue, vaste, à perte de vu, la plaine.

Les édifices de béton, bois, matériaux modernes,

Le regard parcourt l'ensemble, distingue le couvert, la scène

Ayant lieu dans cet espace définit, cerne

La concomitance des incidences produisant l'effet cautionné

Par les couleurs apposés symboliquement, décidées

Au soin du dresseur reliant les valeurs à un niveau basique

De la création, conférant même par ce fait unique

La signification arbitrairement imposée de la précédence selon l'expérience

Le vécu, leur évolution. Bannière accapare ce territoire attribue au visiteur une notion

Qu'à cet endroit, dans ce champ en tout cas, convenance,

A un propriétaire qu'il faudra satisfaire si les conditions

Applicable veulent trouver une issue viable

En ce point. L'épanouissement tributaire de la volonté

Devra l'accomplissement à une diffusion, via la hauteur, capable

D'émettre dans l'air une certitude cependant flottante parfois en berne obligé.

LIVRE

Glisse sur les fibres enchevêtrées de la toile de papier mâché

Les lignes de la pulsion matérialisation de la circulation

D'une bouffé du vital dans les cavités de l'organisme

Ainsi né antécédence de la projection amené par cataclysme

A mouvoir les articulations extrêmes vivifiants

Le présent, enveloppant l'être, lui promulguant l'indépendant

Relève d'appliquer la fabrication en amont

Des conditions édictant raison, machination

Sens des pensées, agglomération des particules,

Élévation d'un monticule, ébullition de la préparation,

Chaleur adéquat, expulsant l'idée de ces persécutions,

Instaure une pièce de poids qui est là,

Au monde, sur laquelle le regard, l'ingénuité

Viendront buter s'interroger se voir proposer

Une évasion vers une solution, forcément,

A un changement de moment, le temps de l'enchantement.

MINUTERIE

Petit bruit, silencieuse aussi, tourne,

Défilent le découpage de l'écoulement temporel

En vue de déclencher un événement exceptionnel

Qu'on attend. Programme, patiemment, séjourne

Dans une bulle créé par son enclenchement,

Fige tout autour, réduit à ce moment,

Regard, horloge attentionné sur le cours instant,

Fréquence régulière, action automatisée précisément.

Minutie de la préparation permettra l'autonomie,

La prise d'indépendance d'évolution de la coordination,

Table sur la prévision, l'assurance de la réalisation,

Pose un jalon à chaque cric tic clic outil.

Parallélisme avéré ouverture de la simultanéité

Présence multiplié en plusieurs lieux, récursive

Nombre accrue du possible cascades successives

Compte à rebours, décompte de la finalité, objectif liberté.

TRAIN

Rail de fer agrippe les roues de fonte,

Aimante l'impulsion, dynamise la rotation. Compte

Les tours, augmente les pulsations, fige l'image,

Scinde les présentations, créées des dommages,

Permet l'évolution, fonce tout droit, projette des petits gravats,

Stable, magnifique, apporte la horde, ses aléas,

Divulgue les compassions sur les terres éloignées,

Achalande les veloutées douceur exquise réputée,

Défile horizon, forêt, plaine, paysage, fausse

Compagnie aux pupilles, floue la ligne de perception,

Place voyageur passager dans une torpeur, exhausse

Souhait volonté d'être transporté vers des destinations,

S'évade le temps du parcours, souvent

Dans des pensées hors du temps,

Songe, irruption à ces moments, calmement,

Décolle isolément emporté par la traversé de l'instant.

VERRE

Lombric de terre porte son corps difficilement
L'armement de ses glissières publiques communément
Envoi un message pénible de transport en toute voies
Sol surface hostile la plupart des fois

Lourde absence de bras articulation membranaire
Obligatoire par la contraction tissulaire
Frottement ventre à terre museau mordant la poussière
Effort multipliés vitesse toujours très sommaire

Goutte d'eau océan de la galère vocifère mal
Dans le système immunitaire du petit animal
Comme une chance unique de régénérer la mis en pratique
S'abreuver, se baigner, se protéger des moustiques

Roule de gauche à droite, glisse les anneaux du tuyau
Lubrification totale de l'unique composition
Stockage de vivres conquête de la continuation
Combustible dans le rotor s'y revoir encore plus haut.

CHAMBRE

Carré délimité par des mûrs affectueux

Papier peint rose amusant illustré

De personnage plaisant aux enfants eux

Insouciant aisé installé confortablement

Habitué à se retrouver chaleureusement

Dans ce cocon doux de tout temps

Refuge expiatoire le lit l'armoire

Repère anodin formant pourtant

Le développement nid douillet même dans le noir

Annihile toute tentative d'incursion

Son inclusion dans l'instant haut

Acquis assimilé lui confère

La force d'occulter attaque mésentente

En proposant tranquillité à part des sphères

Créativité couleurs clair effervescence

Résultat d'un endroit toujours coordonné au bon sens.

DÉCISION

Faire les choses prévues selon un plan
Établir les étapes les suivre vraiment
Œuvrer quotidiennement en menant
Les actions proposées oui mais seulement

L'extérieur a ses aléas venant interférer
Les directions choisit modifier ce qui
À été écrit, dit, donc obligation ici
D'orienter nouvellement vers d'embler,

Imposer par ce qui s'appelle vie. Le sens
Est alors involontaire, incontrôlé, jouvence
Ce qui renvoie à une absence de maîtrise
Malgré les calculs pris en compte,

Millimétré dans les moindres détails, surprise
Arrive toujours, la composition du compte,
Ceci est ce qui le permet, on s'en aperçoit
Quand on voit ce qui appartient à hors de soi.

JARDIN

Flûte les roseaux sifflent dans la brousse

Herbe sèche brune au soleil jaunit

Verdoyant la pluie les a vue grandit

Marche le long des ruisseaux rousse

Glousse picore les grains de blé

Saupoudré au gré du vent enflammé

Distingue l'aurore vermillon effleurant

Les balustrades l'encadrant ballade souvent

Les grillons siestent bruyamment bordant

Les amants tige dans la bouche couchant

Se roulant s'enlaçant s'esclaffant de

L'ivresse calfeutrée du carré vilipende

Les escouades pulsionnel contenant afin

De préserver le chatoiement mignon

De l'endroit charmé par le couffin

Occasionné du moelleux berceau bon.

LUCIDE

Minuscule bête dans les buissons se cache
Une exubérance terrestre incroyable
Aux caractéristiques venant d'ailleurs. Sache
Émerveiller l'ensemble par son capable

Venu le jour, commune, méconnaissable.
L'inconnu réagirait comme face à toute
Insecte, userait de son imposante
Postérité lui conférant le droit inaliénable

D'asséner le coup, portant, final au décor
Dont elle embellie de féerie de son inconsciente
Existence au courant prend garde au corps
De ce don qui seul dame nature faite,

Sais en proposer ici surprise la nuit. L'air
Enveloppe, se voit parsemée de points clairs,
Issue d'une création forçant l'admiration
Contenant les masses par une si petite sensation.

FARANDOLE

Voûte les mains agrippées fermement

Milieu vide, les regards entrecroisés,

Sens impulsé par qui crie le plus fort, gosier

Déployé celui dont l'aura implique simplement

La reconnaissance des participants à lui octroyer

Leurs écoutes, leurs attentions, leurs réactions,

Obéissance à son allant décision imprimée,

Le rythme de la danse, les chants, bénédiction

Ensembles poussent simultanément vers

Le côté qu'a façonné le moment, procédèrent

Au détournement savamment orchestré, mixions

De pas levés, la ronde s'accélère furibonde,

Le calme congénère de la patience s'estompe

Plaçant le dévouement au balancement

Tout type de cadences, battements excellemment

Ordonnés vrillent les instants agraires pompent.

TRAIN

Rail de fer agrippe les roues de fonte,

Aimante l'impulsion, dynamise la rotation, compte

Les tours, augmente les pulsations, fige l'image,

Scinde les présentations, crée des dommages,

Permet l'évolution, fonce tout droit, projette des petits gravats.

Stable, magnifique, apporte la horde, ses aléas,

Divulgue les compassions sur les terres éloignées,

Achalande les veloutées, douceur exquise réputée,

Défile horizon, forêt, plaine, paysage, fausse

Compagnie aux pupilles, floue la ligne de perception,

Place voyageur, passager, dans une torpeur, exhausse

Souhait volonté d'être transporté vers des destinations

Enchantée, raisonne son avertissement, jaillit

Entre les barrières d'un coup lancé pénétrant

L'atmosphère, brisant l'instant patient, planant

Sourdement, fuyant dans un vacarme abrutit.

LUNETTE

Soleil frappe ses rayons se dispersant,

Chauffent vents éblouit les regardants.

Une bonne paire camoufle le visage

Dissimulé derrière s'exprime présage,

S'épanouit par cette discrétion inconnue,

Inexistant présent mais s'ouvrant

Grâce à cet apparat de plusieurs colorants,

Fumé noyant de près, opaque, noir eu

Fait croire qu'on est caché, sûr, fidèle,

Fier, déterminé, préparé à tout, prêt à l'avouer,

Ose faire face au défi de s'assumer,

Se livrer complètement exclusivement par elle,

Implications, intentions contenues préservées,

Envies réalisée, affronter ses obligations arrivées

Survenues car sur le bout du nez ont aidées

À se révéler pratiquer l'honnêteté vérité.

COULE

Lave ardente dévale la pente incendiant

Tout sur son passage. Lumière spectaculaire

Embrase le ciel, explose les bulles rugissant

Silencieusement. Proposition unique séculaire

Crie d'alarme planétaire expectoration

Fumante fulmine au sommet, descend

Lentement fond puissamment la végétation

Recouvre les monts, feu protecteurs repoussant

L'envahisseur. Expression du stop naturel

Si grand, réduit à une simple magnificence,

Signification abolie aux plus nombreux, elle

Touche les proches alertés tôt par les manigances

Renvoyées à l'enfance, réussie à être opprimé

Par la voie de la prime majesté à l'image,

Saccage le paysage attiré de danger, de dommage

Quand elle est le souffle de chacun à sa renommé.

SONNETTE

Tranquillité passive du foyer repère

Installé, occupation trouvée calme,

Produit, continuité de la routine sommaire

Soudain troublée par une insistance, blâme

L'assistance dans une interrogation

Amusante, curieuse. L'instant remplit

D'engouement engouffre les habitants du logis

Dans un sarcasme teinté d'aventure. Attention

À aller découvrir l'origine de la rupture

D'un silence fécondé par une décharge

De courant émanant de l'extérieur,

Généré par un point appuyé, en marge

De la quiétude a qui ont conféré l'autorité,

Le droit de dérangé, ouverture vers le monde

D'où peut provenir tout type de nouveauté,

Lien si réduit duquel arrive de grandes ondes.

L'AUBE

L'aurore balbutie, les oiseaux piaillent.

Les animaux s'apprêtent à brouter la paille,

La rosé abreuve les feuilles engorgées d'eau,

Les jardins reçoivent l'humidification des jets d'eau.

Le grondement urbain accorde l'orchestre,

Bientôt le déferlement animera l'équestre.

Les sabots retentiront sur le goudron,

Les talons marcheront vers les patrons.

Vive la vie, les regards, les chants,

Aux sifflements suivront les mots des parents.

Chérubin à l'école allé lire les lettres,

Grands aux transports cultiver leurs êtres.

La terre porte les pas des matinaux zélés,

La quiétude rompu luttera jusqu'au démêlé.

La fraîcheur garnit les visages confis,

Une journée s'annonce certain en feront fi.

BARRIQUE

Vague flottaison sur la surface du liquide

Vaporeux, humeur palatine des robinets

Se laissant manier allègrement, fluet,

Tournoyant dans un sens puis l'autre, vide.

La boite progressivement descendant,

Niveau tiret patiemment, bois humectant,

Imprégné de l'odeur de fruits sauvages

Dilué dans l'eau écarlate, résultant breuvage

De velours aux lèvres mouillées embrassant

La potion fidèle à son adage roule doucement

Sur les fers reliant, bruisse joliment,

L'engoncement de la dépense au sol, sur le ciment.

Savoure l'instant, moment de déferlement

De la production dans le corps, débordement

Puise dans l'obscurité par le trou, l'essence,

Augmentant le chambardement des vivants.

LE MATIN

Regard vers le plafond le réveil

Le cerveau sort de sa torpeur du sommeil

Premier étirement les muscles parés

Le bâillement signal le début du cycle à dévorer

On se frotte les yeux on a bien rêvé

Emmitouflé sous la couverture encore à s'en rappeler

Pied à terre on va attaquer le programme

Direction le lavoir on commence par le dentifrice, un gramme

Les dents brossées vont croquer

Le visage nettoyé le corps douché

Serviette chaude vêtements propres

Le petit déjeuné carburant du propre

Le soleil brille ou la pluie tombe, ciel gris

Une éclaircie égayera peut être le mistigri

On quitte le logement avec un pincement

En pensant au soir à revenir gentiment.

LE JOUR

Ah ah ah il est levé le soleil lui donne lieu

Sa magnificence éclaire tout l'Homme voit de ses yeux

Il marche grâce à ses rayons limpides

La plaine infinie à perte de vue vide

Ah ah ah puissance glorieuse éternel

Son aura est incontestable sempiternel

Jour grâce auquel on cultive les champs

Pendant lequel on entend musique et chants

Lumière lumière resplendissante unique

Un seul et même ensemble du boulevard aux critiques

Diffus supersonique lourd présent il point

Éclipse l'atténue il prend tout d'un coup sans vain

Maître du temps il connait ce qui se fait

Ah ah ah ah ah ah il est là il connait les méfaits

Cubique carré rond triangulaire parallélépipède

Il révèle les formes il est la plus grande aide.

CHAUDIÈRE

Ocre ogre au crie doux de la mise

En route, le fond sonore de la prise

D'effets parcourus par ce liquide

Transparent d'écoule le long des conduits

Aspergeant d'ignominie au final d'un voyage de

Plusieurs instants au cours duquel le bruit,

Le tour, le retour sont intervenues afin

De proposer la déclinaison d'une marmite.

Le fruit de son travail, la résultante au parfum

De confort grossier, caché dont le mérite

Est de délivrer du son quand on est à proximité,

Sourd, fluet, originaire du feu propagé.

On sait ce qu'elle fait, son service saccagé,

La trop austérité d'une bassine fraichement complétée.

Sensation dégagée la puissance à en craindre,

Pourtant inoffensive induit la fin de feindre.

LA JOURNÉE

Embellie par la nuit et le repos accumulé

Elle grouille de toute part non dissimulée

Allée venue multiple elle répand ses faisceaux

Dans l'air elle permet de se créditer

Simulacre de bonté exacerbé, boisson au thé

Visites entre amis de-ci delà des sauts

Moment d'arrêt pause à une terrasse de café

Chaque heure chaque instant on l'a fait

Transport activité professionnel passionnelle

Elle se déroule avec une multitude optionnelle

Fonctions remplie sport accomplie

On arrive au bout on prend des plies

Constructions hâtives à refaire du début

Bâtie bien compris atteignent les buts

Exercice réussit rédaction écrite

On sera à sa fin solidifié émérite.

FUNAMBULE

Équilibre sur la ligne, regard droit

Menton haut les bras écartés, les yeux

Grands ouvert respiration basse, il conçoit.

Vide béant envoutant parmi les cieux

Volatile vertigineux certain de son pas

Déplacement habile poétique strident

De concentration dont l'orientation va

En allant de face rive butoir contenant

La délivrance, on le croit. Retour au solide,

Soumission de l'attraction, l'arrivée est perfide.

Envie indescriptible d'y retourner, gager

Est la fin de son parcours où danger

Rime avec liberté. Pupilles levées vers le ciel,

Tête en arrière, vu du bas il est dans un autre

Monde, les girouettes des toits, des fenêtres

Traversées périlleuses cloître superficiel.

FEU

Bouillant à l'extrême chaud le suprême

Il cuit les mets fond les cuivres

Tyrannise les animaux les hommes même

Simple joie dans l'obscurité il rend ivre

Courtoise chaleur assassin des fleurs

Il ravive chaque fois qu'on en a besoin

Le guerrier s'en accommode, il s'en sert de leurre

Le chaudronnier l'utilise il en prend soin

Deux frictions de pierres il vie

Un morceau de bois il se maintien

Se propage si on le nourrit

L'eau le calme il devient ancien

Jaune rouge orange s'en approche dérange

Sa luminosité garde vif à tout instant

Il frémit crépit s'attaque aux arbres, venge

Il est présent a survécu depuis la nuit des temps.

SOMEWHERE

Globe planète sphérique vue de haut
Bleu d'aspect semé de blanchâtre
Surface, on s'approche distingue du verdâtre.
Émulation vaporeuse mouvementée d'eau,

Les montagnes brunes, la croûte compose.
Variations atmosphérique mélange chimique
S'en accommode momentanément dose
Savamment pluies vents implique

Chaleur gardant température calme
Vivant éventail sur les bordures
Multicolore en fait milliers d'égratignures
Jonchent sa peau, fonds éventrés palmes

Clapotis souillent son air impassible.
Enchantement naturel salissent, iodes
Fusions livrée à elle-même mauvaise cible
Sensuelle sauvage s'élancer et sans code.

EAU

Fraîches les gouttes qui assainissent,
Elles dessèchent les gorges qui en manquent.
Au froid devient glace autant qu'elle puisse
Sous terre on la puise de là où elle se planque

De ciel elle arrive venu de nulle part
Abreuver le sol, irriguer les plantations
Elle vient on ne sait quand provoque l'inondation
Présente avant elle permet la vie dès le départ

Ruisselle le long des routes rempli les nappes
Ravive les tablés purifie les pores
Fluide vapeur aucun ne l'attrape
On naît dedans on en est nettoyé une fois mort

Vrille couleur rapide toujours permanente
Du début à la fin, partout aussi invisible.
Véritable engin frappant quand il vente,
On sait qu'elle est supérieure, c'est lisible.

IMAGE

A plat carré sur fond sonore résonne

Tel un crie propagé dans la nature.

Fine pellicule apposée sur les faisceaux purs

S'ancre dans la dynamique pensive bonne.

Confectionne les attitudes réactions

Exclusive. Dirige les marches vers

Des destinations. De l'origine au but ouvert

Par le regard, l'interprétation son action

Expressive, silencieuse, inerte puissance.

Elle entre passivement, rappel ressemblance,

Distribue message, calmant, sentiment,

Âpreté divertissante ennemi de l'ennui.

Elle le combat se fait passer pour gentil

Au titre de matériel d'occupant doucement

Capte l'attention mobilise les sens

Son jaillissement depuis une si petite danse.

PAILLE

Brindille coincée entre les dents,

Elle est utilisée comme après les repas

Afin d'ôter les morceaux insérés en mastiquant.

Elle pousse dans les champs, a évité le trépas,

Sertis de blé servant à fabriquer le pain,

On la récolte en se pliant le dos courbé.

On en confectionne les matelas rembourrés

Idée saugrenue mais ils sont bien fins.

Ses épis qui viendront s'appliquer dessous

Les dorsales après avoir souffert pour le sous.

Pour lui la cueillette fatigante suivra

La détente on s'en nourrira présent à chaque fois

Lit travaille aliment de l'animal et son maître

La maison sera propre dans le moindre mètre

Vulgaire en apparence précieux en l'occurrence

Il est en vrac a en créer une dépendance.

ATTITUDE

Et où est geste opéré par les membres

Levé de bras saillant l'air fécond augmentant

La température corporelle induisant un mouvement

Nouveau similitude d'actions de septembre

À septembre orientant les conséquences

De la précédente, lui octroyant tout son sens

Par circulation friction, étincelle électrique

Déclenchant le déplacement comme poser brique

Et coup d'aiguille dans le fil de laine

Entrain de façonner un rayonnement, pollen

Dispersé pourrait être sa comparaison

Songe profond soumission des profusions

Garnissant crâne, peau à l'unisson même rien

Jaillissement déterminant le résultat final

De l'entrée en matière provoquant la réaction d'un

Bon nombre qui en découlera plusieurs, normal.

CUISSON

Pâtes oignon viande gras

Elle raffermit les aliments

Leur donne un goût succulent

Au palet sa croque sous la dent ici-bas

Douce ou forte on l'a découverte

Elle a fait du développement via la matière verte

De l'eau des sauces mélange d'épices

Aux bonnes heures est toujours propices

Réchauffe les cœurs au moment de manger

À sa vue on sait ce qu'il va se passer

Bleu faible orangé forte variable

On la maitrise assez malléable

Soucieux à son ouïe capte l'attention

La cuisinière l'apprécie elle est son allié

Elle brille grâce à son action

Elle proposera des mets pourra l'appétit pallier.

PAIRE

Phase pratique de survie tu t'additionnes

Puis construis. Aide subtile à une semblable

Ce qui est fait, fut permit en ayant de bonnes

Bases unitaires du début, peu, mais le sable,

Ses grains multiples sont comparables car

Ils sont tous deux aussi profusion

Initiation de ce qui est missions. Arts

Répandue, origine en coulisse des bâties, actions,

On sait qu'on en a usité au regard cela vient

Se placer dans un inconscient, source, bien

De la reconnaissance départ du lien, course

Mu par cette force directrice qui insuffle

Motricité à l'organe tel la pièce, buffle

Fonçant sur sa proie acculée voyant l'ours

Majestueusement se proposer un saillit blanc

Pouvant finir en arrangement ou vent.

CUIRE

De peau ou chevelu on a voulu le tanner.

On le tire des animaux les pauvres les canner.

Ils s'en servent pourtant eux aussi, maison à froid

L'hiver les méchants loups en couvre leurs rois.

Épais, plus léger on s'en part de fierté

On tue pour l'obtenir, quelle fébrilité !

Le travailler tout un métier cependant

Le porter peut être signe de dépendant.

Égorger, flèche dans le cœur ou abattu

De loin on multiplie les techniques, les battus

Au pied protecteur des orteils gelés

Il encaisse les intempéries, les mêlés

Botte la sphère pour marquer les points

Il essuie les ciseaux du barbier aiguisé

Les mains s'en réchauffent boxe des poings

L'écrivain son dessous de mains sensibilisé.

RELUIRE

Surface lisse propre qui brille au soleil

Du passage du tisse propose le sublime

Au regard pèse sur la joie, satisfait l'œil

Reçoit la lumière reflet presque de la cime.

Du retour miroitant effet du temps,

Assurément grâce aux rayons se projette en avant.

Supplémentaire couleur transparence de la matière

Provenance étudiée après apparition c'est dire.

C'est inné, couche transperçant de manière

Belle, consécration du polissage en ligne de mire.

La perfection de la production main passée

Au touché polisson, la sensation de douceur

Sur une solidité est unique. Joint l'utilité

Pratique à une beauté pudique accordée à l'heure,

Naturelle chasteté renvoyant à une pureté

Accrochant obligatoirement l'attention en exclusivité.

GÉNISSE

Broute l'herbe verte de pâturages,

Le museau humide, l'air toujours sage.

Paisible, calme, elle rumine l'affouage,

Se désaltère à l'eau, son unique breuvage.

Blanche et noir, brune ou noir et blanche,

On la promène de mont en montagne

En troupeau parfois. Seule remue ses hanches,

Sa démarche lente sur les contrés gagne.

Herbivore on la consomme son lait aussi

Sacrée on l'honore l'aide à traverser

De nombreuses continues poésies du récit

Elle ravie les enfants qui veulent s'exercer,

Annonciatrice de pluie quand elle est couchée

Elle se réchauffe en se blottissant contre ses comparses.

À ces instants, ces naseaux expectorent de la fumée

Superbe animal tranquille saboté incomparable aux garces.

CANAILLE

Croupion sur le sol expectoré du fond
Par la bouche salive visqueuse atterrissant
Écrasé s'agglutinant sur le trottoir de béton
Formant une mare glissante fournissant

Un dégout au passant s'écartant de la démarche
Saccadé irrégulièrement, les jambes en arche,
Titubant même le matin, au réveil, décoiffé,
Déambulant, bousculant les pressés, les mains

Engoncées dans un pantalon en guenille délavé,
Veste en cuir aux lanières mal coupée, aux manches un
Peu trop longues, bête apprivoisée par la jungle
Urbaine s'exprime rapidement, meugle,

Sourire malveillant, emprunte du malin, blanche
Les dents comme une porte publique après
Des années de coups de sac à main, prêt
A détailler sa journée sur chaque planche.

CULMINE

Haut la cime dans le ciel seul pointe

La tour de son dernier étage suinte

Le cerf volant attelé au bout de ficelle

Flotte dans l'air à des mètres libre de Querelle

Le niveau proposé quand il est au dessus, on dit

Qu'il culmine tellement sa grandeur, paradis,

Est vraie et différente de tous ce qui s'est fait.

On le voit forcément comme noir sur blanc en effet

Mot difficile à étayer au cours d'une poésie,

On en parle surtout lorsqu'il s'agit de lever la tête.

Employé rarement ou jamais en fantaisie,

Toujours sérieux la vérité la quête.

Les cieux l'affectionne, l'utilisé y fait penser.

Atteindre des sommets dans tout type d'aire

Permet de le placer il est du langage claire.

Sa composition pourrait le rendre désuet mais il est du censé.

EMBARCATION

Bastaing traversant les planches de la calle

Arc bouté sur le liquide étendu entre

Les terres elle descend pleine d'air dans le ventre

Gouvernail manié d'une main, les malles

Dans la soute veillée à préserver. Authentique

Voyage quelqu'en soit la taille l'hélice

Vent sous marin vent moteur unique

Aérien pousse le mastodonte où le délice

A perte de vue rassasie les convives soucieux

D'une solitude joyeuse de la masse au milieu

D'encore plus grand si petit à côté de mer

Et océan vacant l'échappatoire le ciel clair

Paraitrait même plus facile à atteindre,

Des ailes on croit pouvoir en avoir pourtant

Sur l'énormité ridicule à geindre

Face à l'immensité présente à travers les temps.

L'ANNÉE

Bissextile ou normal son nombre de jour
Superbement varie en fonction du soleil.
Composé d'autant de segments merveille,
Elle rythme l'existence parfois c'est lourd.

Pluie, vent, chaleur, elle est faite du climat
Qui selon les saisons et l'orientation de terre
Conditionne les quotidiens les vies dans les mats.
Que l'on soit dans les airs ou parterre,

Chaque heures minutes ou secondes
Assurément sont différentes. Les ondes,
Aujourd'hui peut-être, carrément pourrie,
Demain sera bon après demain encore.

Doté de magie on fête sa fin et début
Au cours d'elle, tous veulent atteindre leur but.
Corrélés aux individus rencontré, sa qualité
Dépendra des ingrédients qu'on y aura ajouté.

VIDE

Risque sans crainte généré maintes fois,

Il se produit chaque jour dans la vie

De chacun. Fait même par tous, ici

Du soir au matin, inconstructible du soit

Il est de l'ordre vacant, libre, absent.

Son immensité peut être réduite au

Minuscule insignifiant, il est présent cependant.

Inaperçue, il passe la plupart du temps, eau,

Terre, mer, vent, il est partout, aussi là où

On ne regarde pas. On le déconsidère surtout,

On connait son existence, le crée mais l'on

Néglige son état son arrivé par mégarde

Ou cruauté. Rappel constant évènement hard,

Avant tout il était. Renvoi symptomatique bon,

Sa constatation est contemporainement anodine

Or, vraiment, on s'afflige quand on le voit in .

L'ENTRÉE

La maison s'ouvre, ont franchie le pallier.
On le passe, on la découvre, on la voit
S'éveiller. La magie s'opère, on capte l'escalier,
On distingue les portes partout on en verra.

On s'assoit dans la cuisine prête à manger.
Le début du repas, elle est encore présente.
Une des parties les pus appréciée on la vante
Mise en bouche avant la résistance, rime en g.

Clairière scindée dans le champ invisible,
On sait ce qui se déroule de l'autre côté.
Au moment de prendre, la parole voluptile
Est le sens qui parcourt le corps parlé.

Matérialisée mais existent déjà là,
Elle est de ceux qui se son répandue
Jusqu'au besoin de la construire entendu,
Nom, adjectif, verbe, elle est un éclat.

GRANDIOSE

Altitude inenvisageable abstraite,

Des gestes, des mouvements tout en cumulant

Une parole ferme déterminée, toujours s'adapte

Aux actes la démarche initiée et conséquent.

Situation analysée en quelques fractions,

Maîtrise la proximité, le venant, l'ascendant.

Fabrication rayonnante mêlant le talent,

Entrainement permanent, jusqu'aux actions,

Fomentant le résultat de l'effet

Prévue au préalable. Habitude née, unicité

Des possibilités voguent parmi les options plébiscite

A appliquer issue du haut, vue de la hauteur. C'est

Par largesse, finesse qu'arrivent les prouesses,

Fulgurance animée combinée au flegme

Engageant les voies dans la direction noblesse

Excursion grandiloquente spectacle du lemme.

LA MOISSON

Le moment venu les épis de blé

Ont grandit, ils flottent dans l'air. Dans

La plaine, le vent souffle. On les voit d'emblé

Se pencher, s'incliner sous le mordant

Du puissant circulant, les déviants de leur

Stature, droite, les graines s'échappent allant

S'éparpiller dans dame nature, vaste, se mêlant

Aux plantes, aux fougères, cactus termes du labeur,

Nombreux, touffus envahissants, longs

Comme un demi-homme. Bientôt la

Carpe ou la moissonneuse viendra d'aplomb

Sectionner la base, l'accumuler, éclat

De sa splendeur dorée plus valeureux

Qu'un métal qu'on aura qualifié d'onéreux,

Sur la carriole afin d'en fabriquer

Le précieux qui chaque jour se fera croquer.

SIMPLE

Facile pourrait sembler être son synonyme.

Mais de loin, ce qui l'est, est loin de l'être.

Nivellement plat, surface lisse, antonyme

Est prêt d'être son équivalent peut être.

Cependant l'un peut être l'autre l'autre

Difficilement l'un. Objet de relativité

Compliqué peut pourtant se voir doté

De simplicité directe dans l'intention vautre

Quand cela est embûché, noué plusieurs

Fois à intervalle régulier, est parsemé.

L'attribution de la réalité en est clairsemée

Sarcastique métrique louange de bonheur.

Sa mise en œuvre, de rudesse, souvent

La propriété de suffisance la contraint

A la faire échouer. Parcours pratique en tout

D'aléas vint l'emmener vers dépassement de l'entendement.

LA BATTUE

Saute cabriole les myrtilles sauvages

T'aident, rampe, court faufile toi

Entre les ronces, les fougères camouflage

Se rabattent après ton passage d'exploit

Patin, déroge, agrippe les pattes au sol

Fait jaillir la poussière qui brouille les

Pistes des assaillants déployés en farandole

Esquive, les prend le virage serré, déréglé

Par le tumulte de bêtes attachées, élevées,

A sonder la plaine, aboyer alanguit

A broyer carnassier la chair piégée sous le gui,

Bondit de tout ton corps étendu franchit les troncs tombés.

Enfouit toi dans un tunnel le trou est

Ouvert des deux côtés, les sentinelles

Invectivent leurs animaux à souhait,

Secouent les lanières, coup de fouet sous la grêle.

ÉCLAIR

Exploit céleste dominant la planète,

Consensus exceptionnel aucun ne peut le nier

Ni le fuir. Vision naturelle quand toute

Obscurité fait place, souvent accompagnée

De sons grondeurs pourvoyeurs de crainte

Vite atténués, bousculés, chassés, par la splendeur

De la blancheur inégalée, inégalable de leur

Répandue clarté, rappel du circonstanciel, maintes

Sont les reproductions, les inhibitions qu'il

Est nécessaire de prohiber, de désabuser

Par cet éclat considération de la mesure des

Écarts grave face à ce phénomène futile.

Cela ressasse l'enfouissement des torts,

Les opposes à pareil évènement, mais alors,

Procédant à un soupèsement des sens osant

Comparer ces sécrétions à l'illuminé littéralement.

LE FOYER

Buche étincelante fait monter les flammes

Crépitement intéressant qui réchauffe les âmes

Les brindilles y sont jetées pour l'alimenter

Les charbons ardents rougissent diligentés

Par l'augmentation de la température ambiante

Sa fumé ressortira par la cheminé flamboyante

La pièce où siègent les gens unit par les liens

Du sang du mariage ayant engendré des bambins

Des chérubins, formant ce qui est appelé

Du même nom, de la même appellation,

Les cris, les rires, les blagues, dialoguer.

Bout de bois de l'atmosphère de la mixions

Origine du début de l'incendie propagé

On peine souvent a le trouver trop âgé

Caché dans les décombres petits devenus

Immense il mène la danse puis s'atténue.

FRUIT

Dotation, offrande toujours quand on te voit
Réjouis les cœurs appâte l'appétit de petits
Et grands, sollicite les papilles gustative, foi
Raison et sensations. Bon à déguster ici

Ou là-bas, en marchand ou bien installé.
Une multitude de saveurs sont préposées,
Défiance originelle clôt les mets, abaisse
L'excès forme ludique couleurs aguichantes.

La note artistique corrèle sans cesse
A cette douceur textuelle, texture ambiante
Plaisir charnel, sain de le dénuder.
Les sens en sont captivé, difficile à éluder.

Sommaire, souvent en fin de faim, délecte
Les tensions assouvissent l'envie, bèche
Mal employé dans ce cas consommé, sûr,
Est approprié comme richesse de la frugalité pure mûre.

APOCALYPSE

Eau vent et marée soulève toi énervé,
Tourbillonne dans l'air fracasse les mûrs.
Feu partout disséminé dans tout larvé,
Le sol lave, irruption, des volcans coulent parjure

Sur les vallées des montagnes brûlant tout
Sur son passage tremble, terne, secoue les mers
Détruit toute construction habile dessus, dessous
Fait chavirer les cœurs les places délétère,

Casse les bois, fend les arbres, creuse des
Fentes immenses, dans les pays engloutis
Décime les cultures. Essaim attaque des
Prairies, les villes. Fleuve déborde les parties.

Éléments de la planète fondez directement
Sur ses habitants, reprenez votre droit
Sur ceux qui vous oppresse, les comtes, les rois
Air limpide redevient foudroie même l'armement.

MONTAGNE

Pendant terrestre des abîmes tu t'élèves

Gigantesque, gravit incognito depuis la surface

Du degré neutre jusqu'au sommet touchant le glaive

Titanesque retiré des milieux. Fougueuse mélasse

Calme, imperturbable, solide, dure, sécurisante,

Parfois déroutante, créatrice de joie de bonne

Aloie. Danger certain en tout temps, cassante

Agonisante fidèle à sa robustesse, des tonnes.

Fait le ridicule, magicienne protectrice

Salvatrice nettoie les fois du pied lisse

Au sommet dont peu atteigne le bout blanc

Souvent détonante, imposante, indestructible.

Chaleur ou froid, il fait toujours bien, quand,

Un matin, l'air pur vient, rafraîchie perceptible

L'éclosion d'un déclin, revigore les têtes,

Paysage nu merveilleux fort de toutes conquêtes.

AMENER

Viens belle franche dans les contrer

Octroyer des douces mélodies d'hiver

Prononcer par une voie douce ambrée

Sonner dans les oreilles des enfants, des verts

Pâturages parsemés de fleurs, pissenlits,

Coquelicots et bégonia. Amphore d'eau pure

Coule le long des lèvres, dégouline sur le lit.

Des vêtements de soie, lin de bonne augure,

Suave tissus enveloppant le sommeil

Arrivé comme une mie de pain sur les

Papilles d'un affamé, viens, brise, décelée

Libérée, légère, caresser les abeilles,

Les âmes attendries par la chaleur devenues sages,

Loties sur la plaine desservie par le chemin,

On y séjourne de la veille jusqu'au lendemain,

Plénitude vient transporter à travers les âges.

AIGU

Partition sonore matérialise la monté
Du plus bas cri, contracter les cordes,
Expulse l'air en circulant entre la horde
De fibres totalement imaginaires escomptées,

Composer une suite construisant un bruit
Bougeant de tous côtés, touchant les
Nerfs sensoriels, se diffusant, fruit
De couleurs fragmentant des pointes, des

Tissus, emmenant suavement à planer
Sur les ondes dénivelées, ascendant, vague
Courbes stridentes occasionnant le gag,
Déplacement impalpable effet cutané

Invisible mesure mystère de l'échelle
Aiguille traversant, brisant le fond, étant
Ligne fine perçant précisément lent
Mais efficace beauté striant pêle-mêle.

POÈMES

Écris en rime pauvre comme le monde

La terre porte cette humanité féconde

Elle en subit les salissures quotidiennes

L'air est impure on respire mal sur la plaine

Grandeur du ciel pollué par les débris

Mensonger s'évacuant des corps imbibés

Très peu prient ont une pensée de dépit

Envers le trop de bien alors on a posé

La plume la faite dessiner des lettres

Afin d'expier de souffler se retrouver

Face à soi même reconstituer son être

Des journées éprouvantes où le mot rêver

Prend tout son sens quand ce dont celui-ci

Est composé est appliqué matérialisé

Par des actions qui visent à le faire exister

Il prendra forme se réalisera tel une prophétie.

LUMIÈRE DANS LA NUIT

Le soleil s'est éteint l'air s'est refroidit

Une étoile brille dans le ciel une éclaircie

Jaunâtre dans la pénombre elle guide

Le marcheur qui avance livide

Les bras ballant la tête levée, les yeux fixé

Vers l'horizon vers cette lueur décomplexée

Elle éveil son être l'attire comme un aimant

C'est sa chance, trèfle à quatre feuilles,

Qui fait se déplacer ses membres en avant.

Pas à pas, mètre par mètre, il atteint le seuil

De la clarté de la fin de la nuit, de l'immensité

Oraison vitale il s'envole presque, ses forces

Se décuple, décidé il sait, sans hésiter,

Là-bas, il pourra toucher les arbres l'écorce

Boire l'eau bénite, se désaltérer à jamais,

Exulter du devoir accomplit d'être arrivé au sommet.

EXPERTISE

Meilleur dicton émis par le savant

Qui croyait savoir de ce dont il parlait

Mais l'érudit est venu lui dire avant

Qu'il puisse énoncer ses chants laids

Qu'un trou l'a vu passer et lui rappelait

Qu'il tétait un liquide qui le nourrissait

Lui permettant de mouvoir sa langue

De porter ses aliments à sa bouche exsangue

Le sprinter est arrivé se targuant

D'être le plus rapide face à l'escargot

Mais celui-ci l'a fait trébucher quand

Il a voulu accélérer car il a du faire un saut

Et en atterrissant a failli se blesser

A sa surprise il s'est retourné a vue de haut

L'origine d'une tel maladresse esquisser

Un geste d'embêtement d'avoir les yeux trop gros.

SYMBIOSE

Ornement classique sur la dextérité du

Purgatoire gravitationnel des clivages,

L'occlusion volontairement rythmé des reclus

Bougeotte l'amertume suave de tout les âges.

Cliquetis rocambolesque énuméré par les

Guide de la nuit suivra l'écho jusqu'au

Crépuscule frais de l'intermédiaire instant, vaut

La magie du cirque, tumultueuse, maigrelet

De saveur face au spectacle abrutissant

De ce liseré soufflant dans l'atmosphère.

Grabuge fantastique dont on ne s'aperçoit guère

Contenté stupéfait d'assister à cette rareté sans

Précédent saisie, ludique, mirifique, ce moment

Joint accole le début et la fin obnubilant

L'être honoré de sa présence à ce précis tel le vent

Parcours excellent enveloppant tout l'existant.

ALTRUISME

Circonvolution spirituelle qui vient,

De façon naturelle qui survient.

De nulle part il se crée comme l'équilibre,

Il apparait dans des situations où libre

On fait appel à lui de manière involontaire

L'évènement le fait coïncider avec

Ce qu'il propose par fait emboîtement sec,

Il attend de voir l'endroit où il peut faire

Présent, partout, tout le temps, il est invisible.

Fluide inexpliqué, sa provenance est un enchantement

Son pouvoir sublime son effet envoutant.

Celui qui en est touché peut passer au crible

Le mystère de la problématique placée.

Appel du vide du néant génère dans la linotte

Un moment instant éclaire venant embrasser

Cette émanation qu'il rejoint accueil tel un hôte.

BOIS

Matière impeccablement noble issu

Des fonds terrestres tu pousses, jaillit

Partout où la terre le permet à l'insu

Des désattentionnés qui auront négligé, faillit

A leurs tâches quotidiennes de désherber

Le sol. Foisonnante forêt tu peuples les

Espaces d'une verdure oxygénant, fait succomber

La particule néfaste polluante, revigore le blé,

Au bout de toi vienne les bourgeons nourrit de ta

Sève, donneront de magnifiques fleurs feuilles

Et fruit. Élément de vie tu maintiens le feu en état

Réchauffe les mains t'embrase facilement. Veuille

Les artisans qui te sont liés, te bichonner produisant

Des pièces décorant les maisons les recoins.

Ornant tout article arrêtant le courant, conduisant

Tu es protecteur, on te nettoie, de toit on prend soin.

ÉCRITURE

Pointillé point sur une matière

Confectionné à partir de la terre,

Liquide se déversant surement en étant

Manié depuis un récipient dans

Lequel il est stocké. Liseré de couleur,

Il est inévitable de rappeler qu'il a l'heure

Fondement de l'existence du monde

Sa beauté est quel qu'elle soit puissant

Comme les ondes les vagues et le vent.

Elle construit, retient, prédit, sonde,

Divertissante, accablante, elle passe

Des journées entières à pleurer, célébrer,

Augurer libération de l'esprit dans la nasse.

Quand on la maîtrise elle est mieux au gré

Du style qu'un repas sucré ou brioché

Sa lecture aux enfants remplacerait le hochet.

SEMBLABLE

La médiocrité s'est répandue car sa

Facilité à pris le dessus. Inexorable

Déchéance vers l'oubli du monde, en deçà

De tout niveau jamais atteint durable,

Sera le temps, où l'homme, ayant vaincu ses

Origine, défit la terre, l'univers, ce qui

La vue naître, pire qu'un animal en terrain conquis

Par l'ignominie. Il en tire sa jouissance

Par la communauté de ses sens inconnus

Découvert, nouveau, donc exultant les nerfs.

Fonte sur une denrée unique, nue,

Sa lumière s'épaissit face à cette unité peu claire.

Tous sachant quoi faire illuminé ici.

Cependant, les alentours, la profusion

Devient impensable y revenir mission

Impossible comme la lecture d'une prophétie.

SUBTERFUGE

Volupté sur une marée de flots,

L'ensemble tarit d'éloge sur les mots.

Construction habile peinte de carence,

Utiles, sommant l'intéressé d'accepter l'appétence

Déployée en juxtaposant des lettres

Belle tel qu'elles feraient frémir les querelles

Paillette ornement de l'habit de décibels.

Le parement proie de l'appréciation des êtres,

La volonté l'envie de bien énoncer est mêlée

Suivant les vents, les circulations hélées.

A son passage refroidie l'hardiesse

Des courtisans réfugiant les prouesses

A des tentatives d'allégresse a de vains

Sautillements dont la beauté est renvoyée

A de la maladresse sans ménagement aucun

Évinçant la progression dans un méandre soudoyé

Par la pugnacité du caractère hautain de l'écouteur.

PESSIMISME

Environnement a poussé les tours ont crues et tournées.

L'individu a marché, il a migré, s'est adaptée.

Son travail de la terre a tiré le fruit,

Il a consommé patiemment en veillant

A ses provisions, puis, lassé, s'en est allé sans bruit

Découvrir les contrés. Il est sorti doucement,

Prudemment, puis, le contact l'a conquis.

Sa langue s'est mu, il en a été ému. Croquis

Est né de ses allers retours, il a dessiné,

Imaginé, proposé, donné et reçu, décliné.

Des réactions se sont crées, des ions ont fonctionnés,

Du plus vers le moins du moins vers le plus.

Le moins loin du moins, le plus loin du plus,

Les sentiments sont nés, d'abord positivé,

Puisque nouveau, étrange, mais accueillies, fatalité

Interprété, traité, celui-ci était peut-être le premier.

HURLUBERLU

Malotrue dans la rue qui déambule

Les bras le long du corps tel un funambule.

Chaussé de chausson au bout pointu

Relevé, habillé de morceaux de tissus,

La démarche élancée, le pas saccadé,

Usant de tout son pied du talon jusqu'à

L'extrémité de l'orteil. Coiffé, l'air évadé,

D'un chapeau au devant biseauté il craqua

Son pain, ingurgita le crouton, mastiqua

A s'en délecter passant comme la brise,

Un coup de vent pour les autochtones, qu'à

Décontenancé l'attitude, provoquant une crise,

Ayant été vanné par ce camouflet

Retentissant dans les oreilles tel un sifflet,

Percute les tympans répandant une grosse

Onde au long des organismes atteignant l'os.

SIMULACRE

Opiniâtre d'idée, la mise en scène tient

Sa dévolution à un passé toujours

Maîtrisé suivant un plan préparé, qu'il convient

D'appliquer, ayant fonctionné donc dont cour

Les résultats sur lesquels ont est encore en

Train de tabler, nécessaire de maintenir sang

Afin de préserver sa constitution à venir,

Basée sur la perforation de ce qui le fait

Aujourd'hui exister. Dompte les belligérants pires,

Conseil leur mentalité dans le but d'obtenir des

Entités énergumènes guidés intervenant

De leur propre initiative pensant agir

De leur plein gré au nom d'antécédents

Propre dont ils s'attribuent les mouvements, dire,

Déplacements, leur avouer à relance

La compréhension est la propriété de ceux qu'ils avancent.

LE COUCHER

Couché heure où je me change

A l'heure où sont toujours les anges

L'eau fraîche assainit ma face

Et je pense au lendemain et sa préface

La nuit à envahit l'intérieur

Le silence s'est emparé de l'extérieur

Les couleurs du jour font place blanche

Le temps est venu de reposer mes hanches

18h00 le dîner est consommé

Mes draps prêt m'accueillent à sommeiller

La douceur du calme s'immisce fluet

Chassant le bruit comme s'il l'excluait

La lumière va s'éteindre assombrissant

La pièce va s'endormir en bruissant

Les paupières clause jusqu'au matin

La tête reposée tout objectifs atteint.

LA NUIT

Tout est devenu obscure le ciel bleu marine foncé

Les astres éclairent la pénombre engoncée

Les scintillements éclairent l'air en hiver

Ils illuminent l'été d'un jeu divers

Les âmes s'assoupissent forcée inclinée

L'immensité de l'enveloppe les a gagnées

La plaine respire les végétaux se libère

La rue se repose protégée par les réverbères

Brille les étoiles rassurantes toujours claires

Toujours présentes à leurs places fières

Somnole l'histoire de la veille conclue

Préparant les lignes du lendemain reclus

On s'agite ou médite s'allonge ou broie

Pensant à ses actions aux doutes de surcroit

On s'apaise facilité par son endroit

Où son corps abandonné se réveillera.

ARBRE

Augmenté de la terre, regardé en l'air

Il pousse depuis le sol jusque dans le ciel.

Les racines bien ancrées profondément dans les viscères

De la planète il produit des fruits à la pelle.

De toutes sorte mou ou dur il fournit

Ce que l'être souhaite, le déni est interdit.

L'écorce en est même utilisée à coup de hache,

Les mômes grimpent dessus s'amusent, bâche

Est le nom de ce qui l'entoure afin de récolter.

Parfois immense, certain petit, le bonzaï

Est parmi ceux-là. Gênant on essais de l'ôter

Les méchants s'entrainent avec, le mitraille,

A viser le tronc. On coupe des branches

Qui l'hiver venu réchaufferont les foyers

En alimentant le feu du salon, de cheminé

Eternel les plus anciens avant nous jamais ne flanchent.

LE RETOUR

Come back arrière je reviens de dessous terre

La vérité est ancrée, elle ne disparait jamais.

On saurait la camoufler pour, c'est vrai,

Pour mieux la faire jaillir dans l'air

Emploi toi, essai toi, parmi les humains

Car demain tu vas récupérer toute les mains.

Des pieds et des mains ostracisme va céder,

Les voies vont s'élever, la vie va bénéficier.

Puissance de l'univers surviendra super,

Au levé jusqu'au couché du soleil, les rayons

Éclaireront les ombres scintilleront les verres.

Grandeur grandiose fera mordre au fond,

La poussière la poussière sur tous les fronts.

Grandiloquence éternel magnificence lumineuses

Les gravillons les disperseront les frictions

Créerons des étincelles étoiles houleuses.

COMPASSION

Avec toi je suis avec toi je reste,

Je te regarde profondément triste

Te morfondre repensant à ce qui est erroné

Essayant de tout solutionner même peiné.

La joie était là envahissait les cœurs

Le trouble a gagné grâce à ses leurres

Misogyne ambiante car elle est dispersée

La vie l'a rattrapée les larmes se sont déversées.

Plus fort l'envie plus fort la foi de toi

A moi de ta galère on te sortira les doigts

Seul, unique dévasté le vide aux alentours

Pire qu'un décès on vaincra sans détours.

Affronter ces instants assourdissants en velours,

Ma présence t'y renvoi car t'y fait penser.

Marcher en étant soutenu, pouvoir s'appuyer

Sur ce qui est encore a survécu autour.

VIS

Tourne dans le trou jusqu'à la butté

Enfonce la fixation afin de la faire tenir.

L'élément reposant qui permettra de s'instruire,

Placée régulièrement, du monde, de la base et

Se construisant facilement. Située à intervalle

Régulier maintient l'assise en imbrique les

Composants de toutes matières ornementales

Cristallise la vision fonde l'environnement des

Terrains nus, bâtisses, niches ou palaces riches.

Au long cour dès le début la fin accompagne

Le garnement dans ses soubassements entiche

L'habile à appuyer pour la faire vriller. Gagne

L'espace quotidien bien réel si nombreuses,

Qu'on pourrait s'y attacher seul malheureuse.

Décide du sort du cadre suspendu à sa ficelle

Sempiternelle toujours l'utilité d'usité d'elle.

TÉLÉPHONE

Main droite bouche main gauche

Oreille son circulant via le fil

Arrivant de l'autre côté amoche

Les cervelets quand la nouvelle pile

Est mauvaise annonce la fête

Quand le message est clair bon

Positif parvient plus vite plus net

Facile à accepter ballade excursion

Libre le mobile autorise la liberté

Partout joignable toujours accompagné

Hors frontière les barrières sont levées

Loin mais à côté se déplacer une volonté

Évidente ainsi les proches dans la poche

Mésaventure évitée transformé plus de mé

Féerie plénière sureté sentimentale mais

Aussi besoin d'être dérangé de-ci delà ricoche.

PLANISPHÈRE

Orientation échelonné lève le bout

De ton nez tu verras l'étoile qui pourra

La nuit te guider. Astre dominant le jour sera

Si les nuages daignent leur espace où

Ils séjournent. Disponibilité, coordonnées,

Emplacements, repérage de situation,

L'emballage vers de futures destinations.

Vue globale à plat, vision mondialisée,

Distance évaluée, respiration profonde,

Largeur, extrémité, le centre arbitraire

Vaut le lieu dessiné. Écartement abonde,

La vie s'ouvre, l'horizon s'éclaircie, créèrent

Les zones maritimes, montagneuses, l'endroit

Est là, y aller seul moyen est à déterminer.

Fusion en une seconde des glaces banquets

Aux savanes arides d'un mouvement de tête, exploit.

SOBRIÉTÉ

Malfaçon sociétal déverse impunément
Dans l'orifice buccal les gouttes
Fatal aux abdomens. Les pauvres, obligatoirement
Soumis à l'écoulement des vagues du doute,

Feu perfide, corrompt les cœurs, embrase
Les âmes d'une eau chaude niant la direction
Indiquée, optant pour la difficulté rase,
La faculté dépêtre le talent de son addiction.

Pour la ferveur, de l'effort agace l'oraison
Du bonheur puis, doucement, ouvre la voie
De l'avidité inassouvie œuvrant par compassion
D'un état calciné sommant la vivacité proie

De l'aigreur de se ranger du côté de la promptitude
A consommer à tort, extrayant la clarté,
Au profit du flou abrégeant la longitude
La substituant à l'éphémère rareté.

BASTING

Épaisseur grossière des fabrications
Humaines provenant du sous bois
Des découpes des plus grands conifères, allusion
De force, soubassement soutenu quelque soit

Le poids. Indestructible lourd, représente la
Construction, entrevoit la progression.
Illumination de l'ouvrier quand il le voit,
Ouverture vers les sommets imagination.

Perception de la grandeur, sa robustesse
Caresse la finition, permission est faite
De prétendre à un étalage des étages. Quête
De la hauteur, saveur du développement, pièce

Par pièce table sur sa justesse pour monter
Le bâtiment. Compte sur la noblesse du matériau
Présence rassurante solidité acquise, emboiter,
S'appuyer sur sa dureté exquise tel le héros.

SIGNATURE

Scribe sur la peau, papier absorbant l'encre

Du stylo. Trait placé selon la conviction de représenter

Sa personnalité sur un fait accordé par la marque apposée.

Passage par une voie, exécution du bon droit, ancre.

La danse des doigts message après la réalisation

D'une action, volonté de laisser un indice a celui

Qui suite. Aux prémices viendra constater l'ablation

De la continuité, dira au nouveau l'envie lui

Traversant les circuits de s'exprimer, son omnipotence

Sur la constance, l'agrégation de sa mission

A l'établissement de l'ordre sa volonté de présence

D'être compté parmi les postulants au son.

Émergeant dirigeant (l'arrivasit) forcément

Vers la lecture de l'émanation de sa façon

Concrétisée par un dessin la formation,

Le résultat du travail de ses mains est vrai symboliquement.

TRIOMPHE

Poursuite assoiffée du graal tant convoité

Sur la route du désir obnubilé par le but

A atteindre pour lesquels les sacrifices ont été

Innombrables face à une adversité déchue.

Travail acharné, abnégation de tous les instants,

Semblant de sarcasme, tête baissée, tripes

Serrée, poing fermé, yeux foncé, ripe

Les secousses dans le vent venu se mêler seulement.

Vite renvoyé vers le sommet long, cheminement

Concentré sur un objectif unique, la cible

Briguée par des intercessions contrariées quand

Le rythme avait fait corps, passé au crible

Les obstacles, les analyser puis les solutionner.

Garnement, les détails différenciant doivent

Être peaufiné au risque de devenir une entrave

A une tension des membres supérieurs levés.

ALLANT

Mélange de couleurs créant une mixité
Surnaturelle invisible à l'œil nu, l'originalité
Des savants, alliage, provient de la vitesse
Gage d'apparitions d'afflux sanguin vers l'altesse.

Organe situé au sommet de toutes membranes,
L'incapacité à capter les variations phénoménales
Conduit au produit d'une œuvre hors du temps manne
Normal de la liaison entre celui-ci, la distance mal,

Résulte d'une donnée supérant l'entendement violent
Corps humain encore malsain encore trop lent
Pour pouvoir suivre l'accélération de la poussière,
Mais sa patience a récompensé lui attribuèrent

Les joutes interstellaire la joie d'en
Attendant à leur grandeur avoir le droit
L'autorisation la permissions de recevoir ce changement
Enjouant la vue de mille feux hors d'exploit de surcroît.

ENTRAIN

Bouge les phalanges dans tout les sens,

Échauffe les poignets, élance les jambes.

Tournoi des genoux jusqu'au cheville, lance

En avant la longueur des voûtes. Bombe

Le torse en arrière, largeur des fibulas.

Rotation de la tête, petit saut surplace trotte.

Stimulation tonique, graduation véridique, glas

Du calme, fin de la patience motorisation hôte

De l'excitation, ébullition thermique hausse

De la pression. Vapeur échappée, température

En augmentation expectore deux fois, sature

La respiration, prépare l'explosion exhausse

Le toupet, ose l'audace, attise la fougue, emboutit

Le départ, gravit les marches, les étapes franchis

Écarte l'obstacle, tient la corde au virage

Filament allumé incandescent abat les dommages.

FÂCHÉE

Tension nerveuse à son comble monte par
De là les tissus, provoque une ire explosion
De la marmite à en émettre des sons
Relativement aux origines suscitant les remparts

Frappant l'accès de fougue. La zone concernée,
Par rapport au contexte immergé, exultant,
Le polisson se cachant à cet endroit, jadis
Friolant, procédant par amusement induisant

Un emballement sans précédent car cerné.
Son, les bons sentiments tentant d'extraire vice
Du système, cloîtré, irruption vocale houleuse
Teint de l'épiderme cutané modifié meuleuse

Se profil dans les pensées. Trublion se promène
Le sortir lié au temps acte volonté cependant.
L'ébullition est porté la ferveur amène
Une forme contrastée au réel décrit correspondant.

CHEMISE

Hop le corps se déplient, tête arrondi, le cou
S'assouplit. Bras ballant, jambes sveltes,
Air supérieur, la fraîcheur gagne beaucoup.
Aujourd'hui est un grand jour, mette

Les jolis sous dans un clément morceau de tissu,
Coupe droite ou plus serrée le style est jamais
Dépassé. Un à un les boutons insérés de visu
L'échancrure à les recevoir s'appliquait.

Le laquait est content d'en posséder, s'approche
Du contremaître arrive à sa hauteur. Compagnie
Des durs labeurs, à l'office soigneusement s'accrochent,
Revêt toute l'attention, témoin des banquets exquis,

Ravis, se porte digne, la moisson, battre le blé
Elle a vue l'opération s'effectuer, mouillée de sueur,
Réchauffe les cœurs, fidèles représentant l'heure
Lui a demandé de marcher dans sa ligné clé.

VÉRIN

Minerais extraits des profondeurs de la roche

Véhiculés aux fourneaux aux températures intouchables,

Inapprochables, jaune, orange vif, palpable

Du regard est la matière obtenue pour les tables.

Carrosse ou plus lourd ce qu'on aura inventé,

Hébété, le souverain de constater les pensées

Variés de ses protégés souhaitant, à sa demande,

Sans doute, répondre à l'inespéré de soulever

Des masses pesantes justes à l'idée de les observer.

Impossibilité discutable, tour des opinions, quémande

La brillance pouvant supposer l'initiation

De travaux dont on n'entrevoie même pas

Le moyen, le début, le où, rechercher le pourquoi

Est aussi oblitérer probablement. Dissimulation

S'en est occupé et va pouvoir occasionnellement

Profiter du mécanisme universel de terrassement.

SOUBRESAUT

Roule sur le goudron la roue tenant

La route. Gente en fer pneu de caoutchouc

Va sur l'allé poussiéreuse du chemin bordant

Le terrain. Bat les cœurs vivant debout,

De tout temps, exagérant le butinement

Des poches sulfureuses remplies de vent

Envoyant des relents gonflants l'excellence

Constitutive du mécanisme indépendant vaillance

Permanente, fluide, soupir continuel renouvelé

Par à-coups stricts conscrits, court, toujours sec.

Boule de pierre maladroitement positionnée, corrélée

Au zigzag du commandant font foncer, bec

Dans l'eau, sur un obstacle bousculant tout

L'ordre établi, cause frayeur des perdrix.

Leur envol, dérangement de l'organisation pardi,

Volume consistance et superficie motiverons le détail des cailloux.

RIRE

Éclatement involontaire de la contenance d'air

Retenu tranquillement dans les cavités visqueuses

Par contraction musculaire stimulée par les nerfs

Suite à un enchainement d'actions houleuses.

Un montage d'éléments fait de matériel

Additionné à des mouvements corporels

Reçu au niveau de la rétine entrant, circulant

Parcourant une voie dont l'emprunt déclenchant

Des recours pouffant, les membranes expulsant

Une composition hilarante confortant l'ambiant

L'envoyant dans une conviction aux certitudes

Inamovible impact sur l'être le figeant vissicitude

Dans un état statutaire dont l'improbable interjection

Est de l'ordre de l'impossible, la solution,

L'effet inverse, nième, devrait être décuplé,

Démultiplié afin de faire constater le dangé du plait.

BOULEVERSER

Ronde, la tête bien assise sur le buste

Tient droite. Menton haut, fier, déambulant,

Pleine, solide, sûr, faite de repères étayant

Les mouvements, stabilisant la marche juste.

Assurance, maîtrise, contenance pourtant

Les vents soufflant mettent à l'épreuve

Les preuves, maintes fois démontrées, secouant

La stature de l'ossature construite, pleuve.

Brise élevée malgré les dangers, soumise

Aussi, à des faiblesses de laquelle elle fait fit.

Force présente permet à chaque affrontement, à sa guise,

Le détenteur de cet élément produire un effet ici

Régalant les observateurs, suscitant l'engouement

Des participants mais heureusement provoquant

Le sombre désenclavement de la garantie de celui

Qui aura été touché dans sa partie par ceci.

NAVIGUER

Étendue instable d'une matière légère,

Impraticable à la marche sous peine d'y

Plonger. Ensemble liquide superbe, mer,

Terre le contraste est subtil s'y aventurer aussi

Doit être affectée dans les conditions les

Mieux équipée pieds chaussés coque insubmersible

L'orientation par les étoiles les astres balais

Le front tout l'horizon complété, pas pénible

Par les instruments appropriés. Tangue l'embarcation

Sur les flots aux éléments exposés

Douce avancé balance tendrement les chalutiers,

Atteint les points déterminés aux clapotis, immersion

Certaine couleurs souveraines, livraison au

Fluide détenteur de secrets accepte l'empilement

Sur un territoire réservé aux grands rassemblements

De masses, courants, phénomènes se jouant dans cet espace clôt.

PARC

Entrée, immersion dans une zone aérée,

Franchissement de la porte toujours délimitée.

Verdure sur fourrage, fougère, espaces confinés

Caché par l'immensité de la nature cloîtrée

Occupée à embellir le bout attribué à orner,

Glorifier le monde les jardiniers. Pelouse

Plaine, praticable, rappelant le sable borné.

Idée identique, fournir du changement, blouse

Préparée, prêche à supporter les agressions des roulées

Au sol. Saut, sollicitation de la joie suscitée,

Parcours interminable retour éreinté feinté

Par le goudron béton d'avoir reçu une monté

D'impressions illusoire tranchant avec le

Pesant de l'environnement extérieur urbain

Chaleur ouverte à l'air libre conditionne le ciel bleu

Le rendant plus agréable même grisâtre deviendrait gamin.

AFFOLER

Descente subite mouvement de tête ramené,

Clignement d'yeux bras ballant main désarticulée,

Midinette sur la camionnette s'est vu parcourir

Par une décharge douce sensibilisant sourire,

Membres, ensembles du système, lors de sa mise

En face à un corps qu'elle a vu pour la première

Fois, lui perspective une sobriété touchée vers

Un sentiment risquant de lui procurer, soumise,

Une sensation de sureté rempart à tout les maux

Dont elle pourrait être l'objet protection assurée

A l'encontre des âpretés vision ouverte aux

Conquêtes possibles qu'elle cible grâce à une radiosité

De morceau sous lequel, envisagé, devient

Permis, le rêve aussi, de se projeter vers l'avant,

Avoir un référent à qui se livrer, confié le gain

De journées, pouvoir faire diminuer le montant de l'affluant.

ESSAIM

Sollicitation congénitale d'une formation

Similaire extérieurement aux membres généraux,

Communs, définissant ainsi un groupe aux

Agissements globaux, identiques, réunissant à l'unisson

Dars, ailes, antennes, couleurs, jaune, noir,

Par le mouvement de battements emmenant

Dans une direction déterminées, elle aussi par l'avenant

Quotidien mentionnant à chaque espèce, du soir

Au matin dans l'obscurité, la clarté ou

La pénombre, se place le rôle décrit

Par la fonction assumée inconsciemment remplit

Juste même par un léger flottement levant le bout

De carcasse le transportant après l'avoir fait

Décollé de son lieu de villégiature suivant le

Procédé conduisant au bourdonnement, maintenait les

Distance entre ses entourant et son espace circonstanciel.

BARRE

Mouvements agiles sur le terrain large,

Conquiert l'espace gagné par la constitution

De poche chaude s'agrandissant comme une marge.

Dès lors, le déplacement permis, effusion

Des volontés accumulés au gré des pensés,

Se trouve né à né face à des solidités

Inattendu, survenu de la confection séculaire,

Conséquence de l'âge de pierre, des sommaires

Nécessités ayant conduit à produire

Des formes allongées, de longueurs variables,

Disposées précisément, quand entendre

A été fondé puis, selon les marchés amiables,

Proie à l'aléatoire balbutiement, roulement,

Effet du vent, des destructions, déstructurations

Qui ont induit à rencontrer subitement

Des rigidités inexorables obligatoirement objet de considérations.

SPÉCIAL

Les formes présentes parmi les plus basiques

Entourent les environs justement répandu

Par suite intercalée au moyen de magnifiques

Procédés dont le résultat est si extraordinaire inconnu

Qu'il vient fatalement le besoin de rechercher

Son origine. Les déductions l'ayant construit,

Vision cubique, voisin d'une sphère posée

Au sol, se jouxtant un anneau sur lequel on s'appui

Et puis un cône un triangle à bas carrée

Une matière en hérisson tous ensemble à perte

De vue, comme cela demi-sphère, cube, triangle

Énormes, piquantes, là, le parachute peut certes

S'y balader, escalader, forcer sur ses pieds

Monter dessus, sauter pour redescendre sans sangles

S'apercevoir de la particularité de l'endroit merveilleux

Provenance étant adoucie par ma magie des lieux.

LONGUEUR

Sur place la masse ploie de toute sa
Splendeur, véhicule visualisé, la hauteur
Des capacités est mesurée aux propositions en deçà
Entrevues lors de la discussion d'une heure.

Aperçu fomenté au cours d'une cogitation,
Concernant l'horizon la tournure à donner.
Aux moments à venir restant surtout limitation
Des possibilités du aux moyens employés,

Augmentant l'ampleur de la tâche à relever
Diminuant ou du moins opposant une
Adversité à l'élan d'allant déversé
Sur la motricité ultime, évaluation

Qui opère sur l'ensemble de l'organisation,
Questionne les conditions de la lune
Au soleil inévitable, considération qu'avoir
A s'enticher d'un paramètre profitant le soir.

COURTE

Simple machine la tauromachie simple magie

L'échine courbée sur le tapis la survie prie

L'âpreté de lui accorder quelques denier

L'allonge amène son lot de loyauté

Doigts écartés la plupart des ronds sont

Glissés entre les phalanges bien intentionnées

La main ferme se maintient tendu en proposition

D'un reste équilibré sur la surface limitée

Par la taille de la paume disposée au hasard

De l'arrête du mouvement les ayant acheminées

Bras bien en évidence le membre immobilisé

Par la pensé produit l'effet nécessaire tel une barre

A communiquer a vis-à-vis la volonté émise

Par le souhait lors de la prise de posture

D'attribuer, accéder aux requêtes des demandeurs

De recevoir la raison de sa position soumise.

L'écorce flétrit ramollit par les

Intempéries, la pluie humidificatrice de l'air

Qui perdure enveloppant le bloc calait

La fine couche contre le lisse montant nerf

De la terre augmentant à chaque saison

En long en large et en travers peuplant

Les prairies d'immenses végétaux élégants

Soubassement des cieux, raffermit à l'horizon

Des mois ensoleillés créant de légers craquements

Embellissant cette peau graveleuse qu'une caresse

Confirme la rigueur rugueuse puissamment

Érigée face à l'ossement lui opposant l'adresse

Prête à l'orée d'un mûrissement consommé,

A céder, victime d'un décollement dû à une

Adhésion moindre, sèche, apparaissant exalté

Une fraîcheur reluisante soyeuse digne de la splendeur immune.

INDUCTION

Démolition instantanée de la pression cutanée

Blanchiment des alvéoles peuplant la petite

Pellicule substituant sur le pourtour dermique vite

Le nettoyage aubère de grands accueils pavanés.

L'éclairage permanent apporte une lumière

Claire levant toutes les zones d'ombres.

La carcasse rétablit à son état originel

Gage de procurer des réactions fonctionnelles

En phase, raccordée aux tissus internes,

Leur pourvoyant la pleine mesure de leurs

Ébullitions faisant rejaillir sur toutes gouvernes

Le plein régime du mix, envoie, naissance,

De la mise à jour d'opiniâtreté toujours

Tempérées modifiée par la découverte d'astuces

Altérant forcément l'engouement reçu pour

La primeur du déclenchement de bonus.

GREDIN

Ruse sommaire qui prévoyait d'emprunter

Une piste moult fois utilisées en se parant

D'apparats à maintes reprises employés, la cadence

Du pas devant suivre un rythme nécessaire allant

De paire avec l'outrageuse possibilité qu'en ce

Trajet les étapes franchies mènent vers une visé

Directement liée à cette succession de fait

Dont la similarité accélèrera le défilé.

Au sein de ce lit tracé par les passages multipliés

Lors de la déclaration de conquêtes dont on sait

L'éphémère finalité du projet censé

Réaliser l'objectif définis au moment de sa

Visualisation en des endroits requinqués

Par apport de courants divers qui exhaussa

La formation d'actions additionnées

Sur des tables constituées de remarquables tissus fuchsias.

TIERS

Oscillation thermique sur le fronton

De la stratosphère génère des variations

Numéraire entrevue, au loin uniquement,

Par des hallucinations prétexte à de grand

Chambardement du côté de l'organisation

Des continents où chacun voit des ponts

Par divers moyens de transactions

Positionnée au besoin, dénouement efficace

De bourses qui soudain connaissent un regain

De tempête au point de tourner l'aiguille

Des indicateurs vers le bas, la veille

De célébrations devant pourtant habituellement face

A tant de grâce lancer l'apogée de l'apport de soins

Quand cela le requiert, ovationner

La frénésie au profit d'augmentations

Toujours plus solvable seulement l'exaction pend au nez.

AUTRE

Volupté soyeuse l'encadrement décidé

A opté pour une voie différente.

Les sentiments dévoués s'en sont allés

Vers des destinations heureuses, la belle

Ardeur a cédé face a tant de velléité.

La commission, qui avait été faite pêle-

Mêle substantifie les affirmations

Proférées à l'encontre de la base

Formalisé pour l'occasion de la mission

Sur une hauteur attribuée par la cage

Qui a pu lui être octroyée c'est-à-dire

Un disponible permettant un travail

Moins pénible d'attention nécessitant,

Ceci dit, une présence afin d'établir

Le pire sustentant les convictions victuailles

De la droiture soucieuse des progénitures des temps.

AUTRUI

Gabardine brun clair jusqu'au genou

Col redressé sur le cou couvrant la nuque

Chapeau marron vissé sur la tête sans perruque

Mains dans les poches engoncés il fil, loup

Dans un air de défilement, le pas rapide

Fuyant le potentiel regard pouvant s'être

Posé sur la silhouette causant un interrogatoire

Initiateur d'une épopée au cours de laquelle

Toute fabulation provoquera l'explosion naturelle

D'une source intéressante elle même extra lucide,

Puits d'inspiration extraordinaire atteignant

La saugrenue, bienvenue aux caractéristiques

Réfractaires, soit parfois aussi chimériques

Embourbant le plus souvent à travers

Une appellation l'objet des délibérants

Rarement car assez connoté à l'envers.

TIERCE

Lampion allumé, la végétation s'illumine

D'une provenance inespérée. Événement

Inattendu surgissant dans le noir culmine

A une hauteur maximale sur le grade

Notoire de la captation. Réaction évidemment

Immédiate fournissant au venant garde

Droite le plaçant dans une situation

Adaptée à sa récitation étant est qu'il

En ait une à son abstention, futile

Soit à son incapacité émérite diront

Les plus humbles forçant à considérer

Également son allure de circonstance

Constituée par son accoutrement. Latence,

Air, forme, contexte de l'instant d'arrivé

Agrémenté de l'humeur obligatoirement influence

De la balance instigatrice de l'issue de la semence.

TRÈFLE

L'incognito agite sa trouvaille, impassible.

Les traits placides, l'oraison parvenue

A ses coussinets remue si peu la plausible

Fibre du penchant attestant tenu

Par les extrémités sur la tige de

La puissance emmagasinée depuis toute

Ces années grâce, uniquement, aux voutes

Remplies de discours, d'à priori lucides,

D'anecdotes tranquilles, démontrant

La véracité de faits, affirmations décrites

Dès la cueillette vient ensuite la conservation

Puis le transport durant lesquelles, cependant,

Le joli petit élément précieusement, dissimulation

Opérée a reçu la certitude d'être le site

Du placement de la partie aléatoire

De la réussite qu'on souhaite orienter de cet accessoire.

CABANE

Toutes parties observées ont été mesurées
Pour recevoir l'adéquat submersion la
Transformant en un membre exceptionnel
Doté de l'apparat nécessaire à son rôle fonctionnel.

Présence pourtant inévitable franchis, clôturée
De barrières désormais apparentes, il sembla.
En tout cas, la chaleur, elle, le comprit,
En fit son refuge exquis, augmentation

Immédiate de la température, suppression
Du froid le courant d'air s'est lui enfuis.
La coulé d'eau a du trouver un autre
Chemin détournée par la cloison apposée.

Humidité l'a, ceci étant dit, remplacée
Pouvant nonobstant le sec bien isolé y remédier.
Confort a dès lors fait sa garnison d'être
Pour attaquer en pointant le bout de sa lettre.

LÉSER

Obnubilation des moyens de locomotion

Employé à ôter l'aspect tributaire

Des usagers lors d'occasions mandibulaires

Où chacun se retrouve obligé d'emprunter

Les matériaux mis à sa disposition

Sous forme de boîte, objets manufacturés,

Pensé pour amener une rapidité supérieure

Ménageant l'outrageant mécanisme attribué

Ayant servis plusieurs fois, maintes heures.

Sacerdoce exhaustif qu'avoir à décider

De s'engager dans une voie maîtrisée partiellement,

L'illumination céleste collecte patiemment

Les forces utiles à un tel mouvement.

L'orientation faite dirigeant le temps

Vers une source originale dont les tenants

Sont certainement différents qu'actuellement.

GRATTE

Locution permissive d'une denrée

Toujours en voie de construction.

La grandeur s'est évincée face aux actions

Répétée de la communauté. Enfantillages

Vains ont croupie sous le poids des adages

Envoyé un nombre de fois difficilement

Calculable tout cela annulé savamment

Fait une mission complète allumée

A l'entré de l'enclenchement solide

Mixtion le long du cours façonne des

Multitude d'à-coups afin de libérer

De magnifiques copeaux de poudre limpide

Des niveaux inférieurs retenant prostrés

Les émoluments du faux semblant

A des encablures de la vérité des

Sondes amusée par le travaille qu'on leur demandait.

PAREIL

L'immensité a une origine l'expression

Profonde voué à grandir surgir au-delà

Des barrières du corps prendre formation

Extérieur en utilisant le matériel de la

Terre lui procurer une fonction créatrice

De mouvements générateurs de réaction

Obligatoire engendrant une ébullition

Provoquant un réchauffement matrice

De l'attirance est fondé dès lors il

S'agit de bouger imaginer des vils

Actions suscitant des sensations puériles

Parfois mais le déplacement provient

Des réflexes aux premiers mois agile

De l'année vaut d'être naturel quand

La nécessité fait appel au besoin d'être au courant.

RÂLER

Grave accordée prend le pas sur

L'aigu. Le ronronnement se fait

Sentir, le cil bat plus rapidement,

La pilosité s'hérisse, les lèvres mûres

Marquent leur atteinte par des traits.

Système nerveux utilise leur frémissement

Comme intermédiaire, léger serrement

Mou de dédain, l'expression du

Sentiment commence par la contraction

De cette muqueuse externe d'où la solution

Provient. L'agacement gagne du terrain,

Débutent des soufflements plus ou moins

Lents, réitérés, la fraîcheur jovialement

Communiquée par le détachement fut

Substituée par un froncement augmentant

La température libérant allègrement un vacarme mécontent.

VARIATIONS

Corps unique sur une surface

Plane dotée de circuits électriques

Interagissant avec l'environnement critique.

Fusion fondamentale de la masse

Qui, selon sa construction réagit, puis,

Agit vers une destination décidément

Hors de tous sentiment, ceux-ci

Étant présent uniquement comme

Couverture meublant le temps en

Somme généré afin qu'il consomme

Énergie, appui de l'adversité, vent

Contraire au savoir-faire, fébrilité

De la maîtrise capable, bien placée,

De faire capoter tout un plan

Patiemment, précisément, monté

Des sommets au bas-fond en une fraction de seconde du nul vers la bonté.

TOP

Saltimbanque mesuré au degré de

L'ambiance agrémente sa sauce

D'une note supplémentaire. La pente raide

A surmonté, s'en est facilitée, exhausse

La proposition des trublions, a augmenté

La chaleur en saupoudrant d'ardeur

Les décibels articulées propagées dans

La nature chargée de combler les heures

En satisfaisant l'emboîtement en réalité

Demandé occasionnant le choc vitalisant

La foule diffusant une onde suffisamment

Puissante pour qu'elle dynamise

Au point de suggérer une pression

Expectorant des sons comme par enchantement

Supportant l'effluve véhiculant la dimension

Ouverte par la justesse du terme de mise.

AUTOUR

Bras écarté, la plateforme tourne circulairement.

Des cercles sont décrits, l'envergure dessine

Des auréoles parfois en ovale, la distance culmine

Même en hauteur, le champ d'application

Se situant en tout point entourant l'élément

Central. La marche fait défiler le paysage action

De l'objet présent à chaque étape de la route.

Le pas semble décider, les distinctions posées

Assument la certitude leur étant conférée.

Pourtant, durant cette évolution les questions, toutes

Réunis en un sein, sûr de pouvoir être émises,

Englobe cela dans une permanence involontaire,

Répandu sur l'ensemble de la sphère,

Autorisant des limites perçues comme guise

D'une force dont le nombre à timidement

Été érigé face à celui des possibilités de l'entendement.

ÉCARTE

Lancé sur l'avenue du succès à vive
Allure, la formule s'applique, le poids
Est décuplé. Tout entrave s'expose à
Une volée sensationnelle synonyme

De monté en flèche vers des supers cimes
Mais surtout d'élimination définitive
Du à une puissance de jet tel qu'une
Ligne est tracée, verticale, suivi

Selon laquelle l'obstacle s'achemine serti
De directions pratique puisqu'unique, lune
Proche de nuit. De jour le soleil grossit
Aussi l'impulsion grandit pourrait-on

Croire tant la taille diminue soit ici long.
Quoi qu'il en advienne la fureur poursuit
Son chemin prenant, en plus de vitesse,
De la chaleur se muant en son altesse.

ASSOUPLIES

Matière organique développée depuis

D'infimes particules

L'on pourrait dire et un mécanisme

Phénoménal toujours identique digne du ludisme

Observé selon des procédés de funambules

A établit, au terme d'une croissance

Relative a une certaine consistance, molle,

Capable de prouesse en perspective, parties

De plaisir programmée qu'il faut

Cependant préparer. Le savoir est le plus

Difficile y venir périlleux semblait-il.

Surprenante découverte qu'il s'agit, exquis,

De sensations douces, proches de la satisfaction,

Mélange savant de bonté, d'effort, concentration.

Ensuite, pouvoir mettre à profil facile

La dotation à plein régime pour ce qu'elle aura été reçu.

GRAND

Les rondeurs de l'air se baladent

Dans l'espace encore disponible,

S'engouffrent dans la moindre cavité visible.

Les relativités présentent se dénombrent

Par unités centésimales, les unes nomades,

Les deux sédentaires. Les premières ancrées,

Les secondes, peut-être, demeurant à l'ombre

En quête d'apogée stationnaire. Toutes

En tous cas se voient confrontées,

Occupant le même périmètre, des voûtes

Au sol, relevant les conditions imposées.

Superpositions des tensions délimitent

Les zones de chacun, les contours

Intactes frontière de l'intégrité subite

Proposent une disposition aisée concours

De la bienséance partout constatée comme une exceptionnelle denrée.

PROPRE

Unilatéral, la combustion produit

Une chaleur permettant au mobile

De se mouvoir. La même méthode peut aussi

Conduire à refroidir les circuits. Subtils

Procédé qu'avoir cette double notoriété

De ralentir l'arrivée du moins ou

Accélérer la venue du plus tout en

Maintenant les ouvertures par lesquelles

De telles générations expulsent l'excédent

De contenu dans un endroit alloué

Le temps de la bien faisances, en silence. Bout

De matière prenant plusieurs formes, elle

Demeure à cet emplacement jusqu'à

L'instant du passage du coup destiné

A enlever ce qui aura été qualifié,

Trop longtemps, comme souvent, dans ces cas là.

DÉTENTE

Oblique, la droite joignant des

Extrémités a reçu des épreuves

L'ayant galvanisé de façon pluriel,

Confectionnée pour parer à toutes querelles,

Voyant venir les variations qui plus est

Les plus neuves, sensations abstraites,

Devant renvoyer l'équilibre, si possible,

La réaction de retour sur l'audible

Sacrement résolument astreint, en quête

D'opposition, confortant sa position

De suprématie, l'ajustant en cas de

Rencontre à hauteur des critères d'élection.

Entre alors en action la procédure

De nivellement le plus souvent de noyade,

Attaquant la qualification de ceux qui peuvent

Par ostentation se prévaloir d'entraver la censure.

CONCILIER

Moult foules pullulent sur la fine

Couche supportant le faux semblant.

L'agitation grouille de toutes parts,

Ressemblant à une pluie bruine.

Les jets en sont plus condensés, épars,

Tourbillonnant, humidifiant, toute place.

Les collisions surviennent à fréquence

Régulière, modifiant les cycles, obligeant

Une adaptation temporaire, effet

Secondaire d'où surgissent des solutions

Forcément originale possiblement option

En des lieux d'ailleurs. L'apparition foutoire

De telles situations peuvent porter à croire

A une certaine intention de provoquer,

Voir même construire, les mises en scène d'obscénités

Ceci dans le bon sens des termes circonspects.

VALIDER

Cheminement courtois toujours bien

Décidé, les éléments sont réunis

Pour pouvoir atteindre l'étape qui

Vise à passer outre les barrières

Imposée réponse aux fournitures demain

Conquises, censée étayer les demandes

Souhaitant procéder au remplissage clair

Des attentes dans le but d'amadouer

Les ardeurs voraces sur le qui-vive

Tendant les membres afin de subtiliser

Le précieux sésame au mieux, les

Collecte de qualités, au fur et à mesure des

Pas effectués, grossissement avive

L'énormité de l'action finale, quémande

Justesse à dextérité pour, lors de la

Phase final, franchir adroitement le gala.

PLAT

Garantie ancestrale, l'allongement

De la partie inférieure apporte

Surement un supplément dans

Le mouvement. Le relâchement, la liberté

D'envoyer à n'importe quel moment

De lever en l'air, faire dépasser

De la tête à souhait pouvoir élégamment

Toucher comme un doigter, patiemment,

Caresser, secouer, faire tourner puis

Reposer au sol enchaîné dans la seconde qui suit

De la même manière, alterner de sorte

A sautiller sur la pointe des pieds habilement

Tout en gardant l'aplomb utile,

A continuer, à jouer, s'élancer facile

Devant, derrière, à gauche, à droite,

Ayant toujours une naturalité étroite.

SEPTENTRIONAL

Mousse piquante sur le tronc d'un arbre centenaire

Indique au voyageur l'orientation dans un

Environnement sein de hauteur aux cimes

A peine visibles cachées par la verte foison

Des feuilles peuplant le rigide élémentaire

Conifère composant la douce multitude, voisin

D'une fougère obstruant légèrement le passage sublime

Des rayons du repère de la marche au plus clair de la raison.

Le scintillement des lumières tapissant la noirceur,

Le temps du repose la position de la plus grande

Des stations en étant ainsi visibles seulement

Partiellement aux endroits les plus touffus. La réception

D'informations automatiques par la simple action

De lever vers le lieu approprié devenant

Gênée quand là, devant, en bas, vilipende

La direction replace le bon à sa bonne heure.

EXPLOSIF

Soupçonneux, le bienheureux s'est levé

Jusqu'à allé se réfugier sous un fluide

Merveilleux gouttant le long de parois relayées

Buvant la normale fraîcheur provenant rapide

De l'orifice certain, reposant malicieux

Sur le support soigneusement exposé, pieux.

L'ustensile ainsi rangé mis à disposition,

Fait jaillir l'effet dès l'entrée dans le rond,

Proposant aux terminaisons dédiées mille solutions

D'interprétation sachant toutefois, préalablement,

Qu'une période ayant un début, une fin, naturellement

Exquise s'ouvre. Savourer ce laps d'effusion

Consiste à pénétrer dans une dimension, où

Le temps advient une notion facultative. Tout

Apport extérieur devient, dès lors, du même acabit,

La navigation se fait sur une voluptueuse douceur ici.

ÉCHASSE

Finesse longiligne, solide la plupart

Du temps, des fois constatée de bois,

Jamais en plastique pour ainsi dire

En vérité surmonté de large doigts

De pieds de mains aussi dirigée par

Un funambule doté d'une poigne

Exceptionnelle associée à un sens à part

De l'équilibre dont la puissance gagne

De la place à chaque déhanché orienté vers

L'avant créant le déplacement d'un géant

Aux pas saccadés, raides, devant marcher doucement

Tel un boiteux mais dont la taille confère

Une vitesse proportionnelle à ses membres

Judicieux attribuant à leurs possesseurs

Une grandeur certes dû à leur longueur

Transformant l'allure en un immense étrange être.

RAYONS

Lance, de loin, depuis une source

Concentrée, uni, solidaire en tout

Points dont l'originelle raison,

La seule notion existentielle, bourse

De l'ensemble de son fonctionnement, excavation

Substantielle dans une matrice où,

Son rôle repère, parfois désuet parmi

Tant d'autre pourtant, présent de façon

Incommensurable sur l'espèce, à produit

Des nombres à l'entente mirifique,

Fondateurs de procédés basiques, ludiques,

Amenant par le simple fait de la sensation

Une révolution par la croissance résultante

D'additions de plusieurs forces isolées,

Inoffensives de cet état cloisonné,

Surgissant majestueusement après leur

Rencontre pour s'apposer digne de la ligne descendante.

RAIL

Bifurque vers le nord toute

Capacités acquise. Induit un transfert

De compétences à une destiné de fer,

Nouée d'omission insurmontable

Dont l'opiniâtreté finit par être la clé de voute

Des organismes nouvellement crées,

La base reposant sur une instanciation

Inspirée de méthodes originales semblable

A d'autres secteurs frais d'innovation.

On a, par réussite, démonstration, suggéré

De mettre en avant un mouvement

Grandissant voyant, se démarquant

De la masse par des procédés qu'il a

Été souhaitable de définir, identifier,

S'approprier puis valider pour, là,

Faire l'unanimité auprès de la conformité.

INJECTION

Aujourd'hui, le réveil fut facile. Bien

Éveillé, plein de tranquillité, ressourcé,

Le corps plat comme apaisé par une

Nuit presque forcée. Levage d'une

Paupière puis de l'autre, ensuite vient

Une monté de bas en haut d'une mixité

De sensations toutes contrôlées par la

Quiétude de l'heure matinale presque

Fraîche, calme en tout cas, où tout

Se fait à vitesse idoine propulsé, sous

Un ciel net, par le temps, fresque

De la journée, attribuée aux moments

Dû à un démarrage prompt au-delà

De la singularité préjugée de l'heure seulement

La perspective façonnée de réflexions

Autrefois inconsidérée désormais factions.

DOUZE

Semblable aux acacias du jardin,

Verdoyant, montant le long de l'air,

Aspirant tel une colonne fraîche vers

La céleste plaine accueillante du brin

Grandissant le foliacé exulte maintenant

Moult fois, franchissant de lui même progressivement

Les dimensions aperçues lors du précédent

Cru, optant toujours pour la bonne attitude,

Permettant d'atteindre les mouvements adéquats

À supérer, la phase temporelle proposée, étude

Faite en amont au cours de fractions hâte

Du relèvement magnifiquement soutenu.

La voici désormais sur le point de s'extraire

De son état subordonné lui attirant pour abstraire

Des propriétés de catégories liées

A sa taille c'est-à-dire inférieur mais en devenir c'est assuré.

VÉLOCE

La pédale gauche tournoi sur elle-même.

L'auteur de la première impulsion

Se maintient fermement sur sa position

Arrière afin de laisser se terminer

La rotation envoyée spontanément sur l'axe

Détenteur de la fixation au moment

De la diminution de la vitesse d'exécution.

La machine origines le mouvement prépare

Son retour par un enjambement extrême.

L'alignement réalisé ensuite permet joyeusement

De proposer une pousse à la mécanique car

Elle aura subtilement eu recours à un tiers

Dans le but d'assurer la validation relax

De son fonctionnement devenu tributaire

De l'extérieur pour intervenir sur l'intérieur

Et ainsi produire l'énergie nécessaire à une salvation.

VERSATILE

La combustion s'opère sur le flanc de

La silhouette, sur la partie arrière de la

Sphère contenant la magnificence absolue.

La température y est dépendante des

Réceptions provenant de rayons externes,

Issues de la dissipation de chaleur,

D'entités présentes agissant dans un but

Souvent opposé. L'objectivité veut qu'elle

Puisse aussi émaner de mannes

Œuvrant dans un sens normalement identique.

Les répercussions constatées sont telles

Qu'il se forme à l'endroit une zone d'heurs

Venant amener un effet contradictoire avide,

D'une réussite faite en gagnant en plus sur le glas

Pouvant surgir de l'empiètement affectant l'unique

Moment atteint au sommet d'une croissance qu'on lui concédait.

ALTERNATEUR

A l'orée de modifications profondes au sein

D'une communauté habituée à jouer

Le moyen réquisitionné pour arriver

Est le locomoteur approprié ici stationné.

L'ouverture est faite par l'accès à

Une poignée qu'il suffit de lever instantanément,

Doucement. L'installation en position assise

Sur un siège moelleux provoque l'enfoncement

Dans une situation confortable stable

Où il suffira d'étendre les bras pour guider

La caisse métallique vers une destination lointaine,

Sûrement imaginée de nombreuses fois à peine

Préparée c'est pourquoi il faut parfois il semble

Regarder de l'autre côté, côté mécanique

Puis manipuler les résidus présents dans le bien,

Placé à l'avant tirant le grand sur le plat.

CONCORDANCE

Dans l'espace plane une mouvance aléatoire.

Le bruit répandu par diverses voix saisie

Au vol l'origine du début de la concomitance.

Dès lors, s'ensuivra une suite d'accord selon

Lesquelles découleront des réactions conséquences

D'émissions, résultats de la propagation dans

L'unité de micron allant toucher des cavités

Tranquillement installée, chargée de réagir

A des sollicitations précises ce qui produit

Une interaction altérant la composition

Du volume engagé. Les variations

Constatées génèreront des vagues nouvelles attaquant

Les orifices jusqu'à réitérer le phénomène oratoire

Ayant eu lieu précédemment, à plusieurs reprises, captivé

Par les notes se jouant au gré de l'avancé de la formation

S'alliant progressivement pour finalement définitivement s'unir.

OBNUBILER

Le regard porté sur la partie basse

Distingue les éléments soutenant la

Masse habilement. L'équilibre, toujours

Maintenu, peut se développer largement.

Dessous se trouve une immensité

Inexplorée attirant la contraction

Vers ce vaste profond à découvrir prestement.

Dessus de même encore plus, la démesure.

Sachant qu'au-delà un plein tout aussi sur

Se révèle au combien plus important. La face

Gauche dévoilera de manière identique du lourd

En termes de capacités à emmener. Seulement, voilà,

A droite, tout autant, se déclenche dans l'idée

Une luminosité. Probablement une chaleur fonction

Aimantant la grandeur de façon non équivoque

Induisant un comportement indirect unique.

FLAMBOYANT

Les solidités latérales de fissurent sous les coups

De semonces de l'envoyé. Le harnais fixé

Rompt, la pièce s'extirpe lentement de son

Entourage dure s'appuyant sur ses membres

Sciemment travaillé. La prise apparait, tendre,

Prête à divulguer son inouïe sur la surface

Des déterrées. Maintenant, l'envol est proche.

L'environnement lui-même fournit des signes

De détresses. Les emplacements ont changés,

L'humidification est palpable si bien qu'en poche

La froideur gagne l'articulation enfouis sous

Le tissus mouillé à tel point qu'il devient t nécessaire

D'opérer minutieusement en des niches dont

L'existence a été dissimulée. Le protocole arbitraire

Est initié appliquant les règles de retour à une ligne

De conduite reçue, devant être retrouvée sur place.

ENFIN

La minutie produit un résultat minuscule.

Le souffle l'emporte vers un pas certain.

S'opère alors une monté de la taille

Au fur et à mesure du franchissement

Des étapes proposées par l'horizon infini.

La construction se réalise grandissante comme

Un surgissement venu de toutes parts, calme.

La prise de forme est constatée le labeur énorme.

Revient à une quantité équivalente au néant

Face à la récompense reçue de l'accomplissement.

Le réchauffement engendre un formidable

Développement de la mécanique motrice. Le gain

Du temps d'après s'accumule. L'avancé se fait ici

Puis doucement. Au détour, les premiers signes de remplissement

Apparaissent, le bout est sensible les entrailles

Voient arriver le dénouement se dessiner par enchantement.

OMNIPOTENT

A l'arrière se déroule une scène rocambolesque.

Les chuchotements se mêlent aux braillements.

Les démêlés s'accumulent, la sonorité augmente.

Tout s'enchevêtre rapidement créant le grotesque.

Les flux bien différenciés s'entrecroisent,

Une mêlasse se propage encombrant la surface

De ce qui pourrait être définit comme une sorte

De grille. La représentation peut aussi s'apparenter

A une toile épaisse, une toile d'araignée

Recouvrant une plénitude douce facile.

L'image qu'on peut en avoir est une cohorte

De fil de laine composant un pull aux mailles dociles.

A l'encontre de cette bouille fouilleuse pesante

S'érige l'irrécusable solution venant traiter

A sa façon c'est-à-dire de manière étalée,

Bonne, faisant assimiler après avoir appliqué sur toutes faces.

ENTÉRINER

Une bonne fois pour toute l'assemblé à souhaité

Arrêter une décision dont le sujet porte seulement

Depuis de nombreux temps. L'enchaînement

De délibérations amenait différentes tergiversations

Occasionnant un remous dans la façon

D'aborder le relevant l'instabilité prônant

Place l'ensemble dans une confusion d'idée

Guidant le haut vers la certitude rangée

Dans les succès obtenus auparavant permettant

De retrouver le calme l'assurance des démarches

Devenues en l'espace d'interminables heures indécises

Craquelant les blocs de solidité sur lesquels

S'appuient la collectivité à un niveau tel

Qu'il est devenu pressé de résoudre la totalité

Des réflexions menant vers l'entendement l'attache

D'une sûreté garantissant l'uniformité requise.

MIRIFIQUE

Les paillettes scintillent sur le lot

Impeccable, tunique de rigueur d'un haut,

Évènement marquant saupoudré

A des endroits propres à être remarqué,

Les pépites se différencient émerveillant

Les yeux apportant une luminosité répartie,

Génératrice de joie partielle car passagère

Le temps du regard sur la zone concernée.

Au ciel se joue une scène quasiment

Identique, des étoiles une fois peuplant

Le large, plan noir brille momentanément

Simultanément avec le reste des occupants.

De jour des éclats pullulent magnifiquement

Sous diverses formes réunissant les attentionnés

Vers une direction concrète qui saura retenir

Les boules levées durablement toutes entières.

EMBRASSER

A bras le corps, les épaules sont entourées

D'une masse pressant les tissus

Sensible. La douce application ravive

Tendrement le sentiment enfouis dans

Les fonds abyssaux par la rigueur

Tranchante, les coups reçu de l'extérieur

Dans le but de créer des temporalités

Moralisatrice destinée à engloutir l'invective.

Une partie de la force fabriquée

Au fur et à mesure de l'épanouissement

Obligeant le commun à s'opposer tacitement

Puis à aménager ses justifications dans le but

De trouver une issue convenable malléable

Minimisant au maximum la perte de vocable

Érigeant l'écoulement comme commandement

Nécessaire au maintien de l'activité édictée.

SACERDOCE

Le cumul de plusieurs circonscriptions viabilise

L'appartenance du mouvement à un lieu de résidence

Promulgué à maintes reprises comme étant

Le grand vainqueur de la lutte aujourd'hui

Décomposé en de significatifs îlots

Ayant toutefois cru en faculté à

Évoluer, à impacter les cibles proposée

Ce, à niveau propre. Leur épanchement

Demeure de par leur état épars cloitré.

Leur principal, voir la seul difficulté,

Le rayonnement en émanant est ainsi

La partie unique à travailler, l'augmente diffuse.

Prochainement, des livraisons auront présence

Quadrillant la matière en voyant tantôt

Des modes originaux révolutionnant les contrés,

L'interstice codifiera la résilience de-ci delà.

STRIES

Les spatules biseautées voguent dans

L'air tel des pellicules de pollen

Arrachées à leurs bases par les courants

Balayant les couloirs, se déplaçant à des

Hauteurs différentes transportées selon

L'orientation des tournoiements touchant

Par instant le sol y roulant dans un déroulement

Cinglant bruit d'aiguisement métallique

Décollant à nouveau, atteignant des

Sommets jouxtant les cimes sismiques,

Englobant la latitude d'une superbe,

Difficilement descriptible, utile à animer

Même plus, situé entre l'ambiance saine,

L'atmosphère présente mutant d'une action

Sur l'autre, d'un simple geste accéléré,

Ralentit, effréné, probablement agressif en herbe.

MEMBRANE

La finesse de la paroi visqueuse est

Instaurée à un emplacement défini par

Un processus prenant forme selon des

Réactions externes. La constitution

Physique, comme peut l'être la fabrication

De matériel se fait par l'apport successif

De minimalismes adossés proprement donnant

Naissance à des fonctions évolutives croissantes

Aux besoins suscités par leur nouvel ordre définitif,

Désormais adapté à l'instant arrivant communication

Passagère constituant graduellement la pièce

Par des éléments venant se greffer de toutes parts

Façonnant finalement ce qui est apparenté

A un objet appartenant à un tout ou l'espèce

Est réduite au quasi néant venant uniquement compléter

La globalité dotée d'une indépendance de discrétion.

HARDIESSE

L'irruption éclabousse la totalité de la

Classe présente. Les retenues internes

Éclatent au grand jour provoquant

Un salut salvateur parmi les présences.

Ce qui était tue le demeure encore,

Sans aucun doute, est émis avec force

Assortie d'une pureté exceptionnelle.

Le nombre d'évènements déclenche un la,

Remous sans précédent promettant évidemment

Des réactions tributaires cependant d'accords

Bilatéraux devant être établie. Leurs absences

Étonnantes rassurent, désavouant la belle

Envolé, la façade de puissance mise à mal

Par le vide constaté et donc la facilité totale

Vers laquelle s'oriente la direction qu'on cerne

Obligeant à bâtir tranquillement même en morse.

EXALTER

La missive atteint le sommet en une fraction

D'un millième de seconde. La vitesse

Qu'elle acquiert tout au long de son

Périple lui pourvoit une rapidité qui

Éclaire le parcours causant des illuminations

Permettant aux présences situées au bord

De distinguer leurs positions et de s'apercevoir

De l'emplacement au sein duquel ils se

Trouvent. Ainsi survient une appréciation

Suscitant un souhait de déplacement

Ou de stagnation en fonction du niveau de satisfaction

Sollicité par les constatations. Dès lors l'animation

Opère une multitude de mouvements différents

Engendrant une imbrication nécessaire hors

Des limites, définit induisant de ce fait par

Une interprétation réflexive l'engagement vers l'exquis.

PRESQUE

Une fois de plus la course s'est achevée

A un niveau élevé permettant de briguer

Un passage à l'ultime étape. La sphère,

Dernière, regroupant les militants

Les plus fervents habitué à statuer

Constamment dans le local dédié ponctuel

Aux délibérations les plus vastes théâtres

Cependant de croisement de toutes volés,

L'effleurement de cette zone provoque

Des remous intempestif se ressentant

Sur toute la globalité. La réaction évidemment

Est de chercher la provenance de telles semonces

Surtout qu'elles ont pour conséquences autres

Arrangeant le plus grand nombre tout en maintenant outre

L'érigé installé comme il le souhaitait dans une modique

Situation atteinte par des procédés dont on fait fi en quinconce.

ÉVANESCENCE

L'arc décrit par la production lumineuse

S'emballe d'un récit digne du purgatoire.

L'énorme bloc se détachant le soir

Succombe à la tranquillité du bien

Installée fixement sur ses appuis.

Le défilement de l'astre en est le

Repère principal, la référence temporelle

Indéfectible sur laquelle se fonde

La base de toutes activités aidée de

L'ombre, atout facile à considérer

Fournit d'office dès l'arrivé, grâce

À laquelle il sera possible de se lier

Servant de point de départ aux masses

Décidées à développer ce qui leur aura ici

Été demandé d'appliquer sur une durée au moins

Aussi importante qu'un acte tout à fait méritoire.

AUTOMATE

La percussion régulière frappe sa cible

Selon une fréquence définit par de fugaces

Techniques approuvées, mises en place

Afin d'établir une pluralité sur l'échelle

De l'avancée et ainsi occuper une partie

Clair de la mouvance habituellement oisive

D'après l'appréciation qui en est faite depuis

Les points d'observations, fenêtres, parvis

Terrasse, poste de garde. Le terme employé

Peu sembler disproportionné voir totalement

Inapproprié mais la nécessité obligé

A appliquer une prononciation bruyante

Destinée en premier lieu à combler la demande

Occasionnée par le silence même compulsive.

La direction en sera pourtant octroyée au risque ici

D'aller vers un état second au détriment des modes.

RAVIVER

La construction automatique de suites

D'éléments expulse par à-coups de légères

Émanations restant proches de l'orifice par

Lequel elles sont arrivées en couvrant

La surface semblant attendre une réitération,

Venant intensifier la matière lui permettant

De monter dans l'espace, répondant tout simplement

A un effet de compression conséquent, auquel

Tout se voit, aller vers la proposition faite

De s'élargir, gagnant la place comme une conquête

Envahissant positivement l'ancien emplacement,

Le nettoyant en dissimulant les nombreuses fuites.

L'épaisseur remplissant cette fonction

Déclenche une omission involontaire partielle

Des évènements passés, présent, de l'instant, épars

Induisant l'occurrence protectrice de moments supères.

LAMINER

La stature droite, l'attention portée vers

L'horizon détecte les objectifs à atteindre.

L'orientation se fixe sur un angle certain,

La distinction se fait petitement mais extrêmement

Sûrement de manière absolument irréversible.

Le cloisonnement dû à des actions futiles,

Le plus souvent cachées, rejaillissent clairement

Au grand jour lors de la complétude du

Niveau requit pour basculer d'un côté

Adapté en phase avec ce qui aura été

Cumulé durant des périodes dites d'abstraction

Passées à ignorer l'évidence abrasive de la tension

Existant. L'amélioration marquée initiera l'un

Des passages à l'acte par l'offensive qui fera geindre

L'autre partie de multiples plaies crues,

Encore en cour de résorption face à l'inévitable dévers.

CONCILIABULE

La tierce personne s'éloigne du terrain d'ici,

D'ententes apeurées par les proliférations

De sons abusant de chocs proférés à l'encontre

De second. Se forme à ce moment précis

Une bulle constituée d'arrivants venus, ponctuelles,

D'horizons inconnus. L'interaction originelle,

Monumental, malaxe alors la relation

Jusqu'à hisser des liens indélébiles,

Formidables fondations de croissance vers

Des sommets s'extirpant de la candeur austère,

Magnanime, apportant un lot d'appareillage

Qu'il faudra par défaut utiliser, en connaître

Les qualités, de ce fait plonger dans une voix frêle,

Comme pratiquement toujours, sans retour.

Pourtant, la grandeur du champ décide de labours

Croisés mais la pierre semble cogner l'amorce chronophage.

SIMILARITÉ

L'obligation apporte l'authenticité dans la

Mesure où la démarche se fait de manière

Complètement spontanée, dénuée de

Quelconque préparation. L'arrivée est alors

Perçu comme étant celle d'une entité

Totalement dépouillée agissant à fleur

De peau sur impulsion primitive

Par la nécessité d'aller décrocher l'élément

Indispensable à une poursuite des évènements

Propulsant l'avènement de l'étape suivante, prospère.

La différenciation s'effectue au niveau de l'abord

Doté d'une particularité d'exécution remède

A toute opposition regroupant l'aspect fonceur

En quête de résultat immédiat couplé à une impression

De capacités hors norme suffisantes en tout cas,

Aspirant à obtenir gain de cause à force de répétition.

FUMISTERIE

La douceur engrangée débouche sur une sublime
Insertion de courant de fraîcheur moribonde
A la température toutefois différente allant
De plus haut vraiment extrêmement élevé,

Au plus bas, superbement profond, glacial
Paraît être terme justement inapproprié.
L'entrée dans ces lagons ouvre la porte
D'une magnifique insouciance poussant

Des ondes à trouver la destination à leurs ultimes
Émissions. Le départ vers de scintillements
Divers occasionne un fourmillement de sorte
A mesurer la probabilité de rencontrer joliment

Une absence traitée de problématique
Unique devant recevoir une adaptation légal
Dans le but de recouvrer une uniformité pratique
Servant à jauger l'ensemble d'un trait d'une sonde.

IMMERSION

L'abracadabrantesque solution de redressement

A trouvé une issue facile en la matière d'une

Pluralité acerbe de caractéristiques développées

A force de besognes organisées autour d'immenses

Phases d'investissements impliquant une ténacité

A l'épreuve d'une adversité mise en exergue en cadence

Sous couvert d'une croissance appelée à niveler

L'égalité de part et d'autre dont la hauteur

Aura été obtenu grâce à une abnégation hors

Du commun rebutant les attirances les plus

Audacieuses au zèle aberrant signifiant le début

D'une ère imprévue. L'acariâtre pulsion sera alors

De toutes évidences les divisions réalisées,

Rassembleront leur lot de surprise telle une lagune

Façonnée à coup de pied au milieu d'un océan

Se transformant à de nombreuses reprises pendant des heures.

NOTOIRE

Avive les flots sur la surface rocambolesque

D'une forme énumérée dans l'unique but d'être

Manipulée, prise, retournée secouée observée

Sous toutes ses coutures vainement.

Sans doute les fondements si longuement

Défendus pourtant si savamment,

Vaillamment, en plus de cela escamoté,

Se voyant atteint tellement facilement

Par de petites poussées allant se loger

Immédiatement dans la moindre

Faille causant le grand remous à

L'ensemble reposant paisiblement

Sur ces sous-sols souhaités suffisant.

L'oblongue escalade, les grises, réguliers

De renvoies opportun fond feint là

Tout le temps d'un plat extrême qu'on dissèque.

FOLICHON

Exultation extraordinaire brave la solidité

Angulaire planant dans les environs rangés

Ayant lissé la moindre aspérité provoquant

Des soubresauts surprenants pour l'unique

Tranquillité apparente portée par une

Chaleur absorbante atténuée par cette

Caractéristique qui la transforme aussi

En une douceur tout à fait supportable.

Le pourtour ainsi enveloppé induite

Magnifiquement l'évolution quotidienne

La plaçant dans une torpeur dynamique

Faite de mouvements permanent toujours

Au sein d'hyper belles actions sommant

L'impatience d'exonérer l'espace de cours

Instants vide d'entendement produisant le

Prolifique moment résultat d'accumulation nette.

AFFRIOLANT

Le lendemain brumeux encense la plaine, être

D'une soudaineté silencieuse l'énorme

Rebond effectif envoie une saveur propre

A l'ensemble de la présente ribambelle évaluant

La possibilité du retour à une situation

Saine, la connaissance d'un tel statut

Demeurant la principale interrogation

Sur une voie où les traces semblent

Avoir été définit pour chacun et ce pour

Une durée complète, la variété des gestes

Étant limité, la nouveauté agrémentant

Seulement l'existant de périodes révolues

Le pourvoyant lui et ses occupants d'autant

De phases extensibles arguments difformes

Des constitutions lapidaires, séculaires au discours

Interminable prolongé d'ajout orientés vers l'ouest.

AFFLUER

Le fourmillement circulatoire arrive à vitesse

Constante le long de la membrane allant

Plonger dans l'orifice dédié réservé à cet

Effet. La hauteur prise permet de distinguer

La chute vertigineuse des gloutons dans

L'imperceptible cavité aux profondeurs, car

Hypothétique, dont il est possible

D'évaluer l'existence d'un fond par

Une écoute attentive sous réserve d'obtention concrète

D'un niveau sonore adéquat. La sensibilité

Alors mise en pratique définit facilement

Un atterrissage probable grâce à la remonté

Certaine d'un écho au moins sinon le

Clap déductible est double composé ostensiblement

D'une présence lointaine mais trop éloignée

L'autre option est une absence de la petitesse.

RÉCEPTION

L'oraison propose une mission sympathique

Au cours de laquelle les fondamentaux

Seraient revu pour, en vérité, être mis

En place une première fois puisqu'il est

Vrai, la base, à ce niveau là, a été posée

A un autre endroit, les croissances ayant

Pu tabler sur cet élément porteur ont

Connu un développement appuyé cependant.

La limite a été atteinte une multitude

De fois en créant en plusieurs partie de

Ce soubassement des frictions terrant, ici

Et là, des fragilités occasionnant le sismique

Matérialisé par l'apparition du sommet

Vers le bas, de craquelures propagées,

Fendant la rigidité, toute consistance, le long

Du tracé impacté, des repères sont clos.

ÉPATER

La force motrice provenant de la fusion

Extraordinaire du méconnu dissipe en

Maint lieu une merveilleuse capacité

A envoyer dans l'horizon la luminosité

Éclaircissante ouvrant à chaque mouvement

Une nouvelle voie vers le mécanisme

Catégorique scindant machinalement

Le bloc s'érigeant systématiquement

Élevé comme une évidence dans le bon

Périmètre parcellaire unissant l'ensemble

Des paramètres nécessaires à une tenue

Permanente des subtilités fomentant la grande

Pleine de vacuité international sur le plan de

La stupeur amenée doucement mais vaincue

Patiemment au fil des tours enchaînés calme

Bâtissant surement une monté en régime terrible.

VENTOUSE

L'amorale énormité provenant de l'outre

Vainc l'obnubilé par des procédés vraiment

Différents. Leur mise au point précédent

L'exposition fatale suggère encore plus

De s'attarder sur ces pratiques qu'il est

Possible de qualifier selon les traits

Adoptés en certaine contrés reconnus pour

Être utilisés en des termes érigés obligatoirement,

Des façades latérales bien évidemment

Venant cadrer l'emploi forcement préparé

De forme adverbiales consécutives à des

Déplacements, il est question ici de labial, très

Momentanés. Ce qui en surgit est un déroulé

De courants aux températures variables reclus

Parmi une pléthore sonore évasive aux accents lourds

Concluant souvent sur une couleur jaunâtre.

ÉVASIF

Le pointillé aperçu en la vaste étendu

A une couleur unique, intervient comme

Une butée dans une immensité dénué de

Repère. Le tournoiement peut s'effectuer,

Le contrôle revient effectivement tout

Le temps aux mêmes délimitations marquées

De part en part d'une barrière fictive

Apposée originalement à des endroits devenus

Le confin du rayonnement du sujet ainsi

Considéré. Dès lors il s'agit de savoir quel

Mécanisme conditionne le transport fonctionnel

De la masse allant, réussissant à chaque fois, pardi

Passer derrière s'installer autour d'une somme

De coordonnées bougeant conjointement de bout

En bout au vent se retrouvant à l'aide

D'une complicité à déverser des courbes furtives.

CAJOLER

La chaleur interne suscite une condensation

Extraordinaire déclenchant une augmentation

Du taux d'humidité. A cela s'ajoute

Une diminution de la pression dû à un

Phénomène de tension faisant face à

Une intensité beaucoup plus importante,

Puis, elle même serti d'une quantité

Carrément autre. La rencontre des deux parties

Provoque chez la faible, l'unité

Possédant le moins de puissance, pour ainsi

Dire, une chute de l'attraction, les bulles

Retenues en bas se libère par cette descente

De niveau remontant irrémédiablement la route

Menant, au lieu d'expulsion, littérale scène de la fin

D'un parcours dont l'épanchement parfois ridicule

Nécessite une couverture dans le but de resserrer sa.

INTENSITÉ

Les vibrations intérieures secouent l'ensemble et

L'attention doit être tenue vivement afin

De pouvoir contrôler les gestes devenus

Éclectiques. Le risque d'une superposition

Menant à une brouille de l'action directe

Favorise la prise en main de la grandeur

De surcroits soumis à l'orientation dictée

Par les facteurs extérieurs. Cependant, finir

L'intégration d'information peut venir

De manières variée puis de ce fait recevoir

Un traitement tout aussi original en la

Matière de suivre en certains points plats

Uniquement la norme commune pour le soir,

Ensuite lui échapper en contrant la tergiversation

Survenant parfois de situation qui injectent

De la froideur dans les circuits succincts.

RÉCUPÉRER

La recherche issue d'une nécessité de

Construire un contexte meilleur, plus

Approprié aux souhaits de chacun,

Élucide un bon nombre de réalités

Auxquelles font face une multitude d'entité

Devant s'extraire des circonstances

Créée pour l'occasion, il est vrai,

Ajournées, c'est une méthode supplémentaire,

Permanentes, gérée dans cet amas. Les

Façons de procédées sont confrontées, faire

Des techniques semble légitimes surtout moins

Difficile qu'en essayant sans. L'une parait

Facile elle consiste à se positionner à l'aide

De membres, d'attendre une confection désormais

Connu, la visionner de près pour ensuite dans l'absolu

Opérer en utilisant une diversité pleine de convenances.

CLASSIEUX

L'amerrissage se produit dans une zone

Délimitée par le nombre de fois où il a

Fallu se poser à cette place choisit selon

Des critères propres aux institutions menant

L'embarcation sur des flots assurément

Légers faisant état d'une masse largement

Moins importante comparativement à la

Consistance valant d'être attirée par une

Attraction de manière autrement plus, au fond,

Puissante, la force s'appliquant à un poids net

Étant à priori fonction de la grosseur agglomérée

Celui-ci la présence se raréfie au fur et

À mesure de la monté en altitude cette

Théorie à de l'aspect le taux d'humidité allant

Crescendo inversement avec le délaissement du niveau

De la mer variant lui-même d'après les postes là-haut.

ÉVIDENCE

Saut fantastique sur le plancher

Attribué propulse l'autochtone vers une

Sphère nouvelle ouverte conçu par ses

Soins regorgeant de fontaine de jouvence

Escales de l'ivresse jubilatoire abreuvant

Par excès l'étanchée, se profilant comme

Une attraction ostensiblement réservée

Au privilégié, ayant eu recours à ce trajet,

Débroussé progressivement, dynamiquement,

Au moyen de soulèvements automatiques

Agissant en détectant la présence

Lubrique de la ressource avançant sur la dune

Gigantesque puis s'en s'écartant à coup d'énorme

Pas latéraux, arrière, frontaux, uniques

Afin de favoriser le passage du vrai sujet

Parmi l'environnement céleste ultra frais.

VOLUBILE

La circulation systématique pare souvent

L'absence de monté infecte de la foison

S'extrayant de l'activité présentée

Comme souterraine. Le faisceau s'échappant

Rapidement fabrique instantanément

D'hyper solides caractérisations expulsées

Finalement car en fait émises involontairement

D'un carcan autre de la super production.

L'interaction intervenant est la pénétration

D'une voie nourrissant l'intérieur offrant

La possibilité d'assister à l'extérieur

Au mouvement placide longuement

Mitonné changeant forcément la face

Complète motorisant les mécanismes locomoteurs

Inducteurs d'évènements, annexe de la place

Envoyant l'initiation d'indépendance d'action.

SURPLUS

Au bout de la ligne se trouve l'étape fatidique

Finale. Le parcours droit effectuait

Jusqu'à présent une grande accumulation

Tentaculaire d'éléments se réunissant

Au sein de ce champ magnétique attirant

Malgré elles les vibrations émanant des

Productions perpétrées facilement contenant

Toujours les même ingrédients dû à un

Mécanisme répété, joué bon nombre

De fois, si bien qu'il est devenu pratique

De l'appliquer, son déroulement étant utile

A l'égard des rencontres possibles ultérieurement.

Cependant, l'addition aboutie en chemin

A l'incommensurable capacité à user le subtil

Confectionné dans le but de répondre, d'aplomb,

Aux propositions envoyées doucement dans l'ombre.

SOYEUX

Le gigantisme obsolète approuve nécessairement

L'évidence façonnée devant ses attentions pures,

Qui plus est lorsqu'elle est abondante sur

Le planché fraichement installé. La suave

Surface ainsi posée amène une féerie

Supplémentaire à l'objectif atteint

Recherché pendant de longues années

Durant. La licence faite, il suffit

Désormais de passer affublé de faits,

Rapportés aisément au cours de moments

Avachie sur un séant, porté ivrement

Par l'effluve planante d'une simple brave

Bouffé avivant les ouvertures, même les

Moins grandes, en réussissant à saisir patiemment

L'instant déterminant permettant de définir serein

Par la suite la charte à émettre pour acquiescer.

PUDIQUE

La forme se déplace constamment à une

Vitesse moyenne toujours très stable, seulement.

Les membres immobiles évoluent, placides,

Sur le plan d'observations alloué

Simplement, pour l'occasion, l'intégrité

Présente représente cela comme un dessin

Constitué de traits ensemble de lignes

Directs lisses limpides épurées, à proprement

Parlé, impeccablement rempli d'une dureté

Permettant une avancée inamovible empruntée

De rigidité pleine, ces spécificités font

Ainsi l'impression d'une stature solide

Sensible aux courants parcourant qui atteignent

La surface serti de retenu à l'égard d'un

Évènement venant lui caresser chacune

Des places l'induisant à garder la sortie du son.

LUBRIQUE

La position provenant d'une consommation

Accrue engendré par la manne découverte

Puis instanciée précise la tenue folle

Dans laquelle se plaisait cloitrée

Briguant. Méticuleusement, le lot exposé

De manière beaucoup trop ostensible pour

Être préservé assez longuement le terme

De son trône étant relié à ce fait déterminant

L'allongement désormais vérifiable convient

A pouvoir proférer gentiment un tas grand

De probabilité quant à l'institutionnalisation

Figée des entités précédent cette période inerte

L'allant serein il est certain dont le jour

A pu faire montre du revigoré succin

Ceci étant à questionner tant il est délassé

Suite à ce passage tellement envisagé.

STOCK

Au loin, arrive déambulant lentement,

Porté par une volonté de chaque seconde

L'énorme état de fait fomenté tout

Au long d'une extrême opiniâtreté

Résultant sur une abnégation contribuant

A imprimer profondément le niveau

Rectiligne correspondant à une monotonie

Souhaitée dans le but d'obtenir une jolie

Constance synonyme de régularité

Matérialisée au gré des sondages effectués

Prouvant l'acquisition d'une faculté

A réitérer à des reprises énumérées

Le geste plausible débouchant sur une onde

Aboutissant, identique, extrayant le saccadé,

Agglutinant l'émerveillement en un lieu sous

Lequel le repérage est accessible en allegro.

REGAGNER

L'opportunité faite d'œuvrer en des directions

Diverse octroie la voie d'une pluralité extrême

A tout les corps de métier existant, plus

Loin même, à l'ensemble des façons

Techniques, initiatives, procéder, ayant

Présence sur le planché écraser par les

Voûte habituée, dès l'aube, à se servir

De se servile moyen apparaissant pourtant

Comme évident. Cependant, l'endroit où même

Son effusion a lieu disparait moult fois

Sous la pression des gains imaginaires

S'accaparant les faits, imposant par ce clair

Biais des barrières à franchir, demandant d'agir,

Visant la récupération rapide, saugrenue

Des ouvertures latérales abyssales très

Peu soutenu envoyant un retranchement de bon aloi.

OMBRE

Le scintillement produit ce qui est nommé

Selon un escient qu'il est judicieux

De vérifier tant la nécessité de qualifier

Ce phénomène peut paraître douteuse à voir.

En effet, il est fort appréciable d'avoir

A rechercher les occurrences pour lesquelles

Seraient appliquées cette dénotation, si bien

Est, qu'en les trouvant, la remise en question

Du cheminement y menant dégote des

Jalons émettant des interrogations tout aussi

Pertinentes. Ce cadre étant institué, la réflexion

Se tourne dès lors vers ce qui aurait pu ainsi

Surgir de différents, bâtissant une autre belle

Exubérance fondatrice de conséquences dont le gain

Est de pouvoir se répéter inlassablement mais

Indépendamment en toute autonomie d'eux.

EXTRAORDINAIRE

La pugnacité de l'individu, à l'exhaustive
Complétude, manifeste sa volonté à grandir
Au-delà de toutes entrave aux étapes à
Franchir, les signes extérieurs pouvant

Témoigner d'une éventuelle formation
Allant vers une caractérisation informelle
De quelconques mouvements se dirigeant
À l'encontre du développement engagé, solennelle,

Fustige bon an mal an la marche inventive,
Sérieuse, outrancière, s'érigeant brutalement
Devant le rythme de référence périodique
Synthétisant symboliquement l'omission

Tardive de la juxtaposition simplement
Positive des particules issues en oblique
De la gesticulation modique des désirs
Alertant les extrémités réceptrice du soit.

FABULEUX

La démarche lente arrive sur l'objectif

Situé en ligne de mire, l'installation

Se fait perpétuellement selon des rites

Engagés à des fins collaboratifs veillant

A initier l'institution de réactions nettes

Autorisant l'échange dit productif semblant

Certifier l'avenir entrevu soigneusement

A l'élaboration culturellement requise,

Véritable antre de l'alchimie locale,

Vivant au travers de ces façons estivales.

La déambulation liée à ces parlements

Procure une lueur, éclairage surprise

Du discours libre, porté vers le fictif

Mais toujours réalisable, guère concret, vite

Prononcé pourtant, mobile aux supputations

Abstraites des intentions de dons en quêtes.

GRANDIOSE

La patience affichée atteste bénéfiquement

De la sympathie candide de l'inertie

Momentanée avouant efficacement

Son abattement devant la mission

Présentée comme une facétie ludique

Aux attraits distrayant cachant lointain

Nonobstant une partie dépouillée

Futilement avancée au bord d'un

Précipice gigantesque à surmonter

L'orée d'une épreuve aussi existante

Tente l'apogée décideuse de la direction

A prendre la finalité étant de réussir

Ce saut merveilleux l'atterrissage à finir

Projette de l'autre côté l'amoncellement méthodique

De la liaison animée officiant ascendante

Dans des ères prolifiques neuves où elle balbutie.

COMPÉTITIF

L'à propos dissimulé derrière des faux
Semblant favorise l'émergence soudaine
De plusieurs facteurs déterminant de
Développement physique aidé cependant

Grandement de multiple actions gages
De bon entendement jetant sur la scène
Issue de l'apposition de ces différentes
Actes un dévolue palpable davantage

Utile à l'extériorisation du contenu clos
Qu'à une concentration critique mode
De la grosseur souveraine de ces lentes
Cadences formant continuellement des

Situations agrandissant exponentiellement
La capacité à mouvoir la vivacité ambiante
Du pôle adapté au périmètre sobrement
Délimité propice à une conclusion de cadet.

HORMIS

La contemplation sincère augure une

Délimitation certaine des à priori creux

Recherchant la course coutumière

Absorbant la case formatrice de l'abolition

De l'envolée disciplinée pointant

En termes de qualité la couche bout

Supplémentaire apprivoisé durant

Des plages surérogatoires approvisionnant

L'abécédaire insulaire cumulé vaillant

Prêt à se diriger à proximité des facilités

Cibles jaugeant la similitude excédentaire

Manifestée sainement au travers de sous-

Jacent hautainement publié à des fins communes

De sauvegarde pratique de la dureté

Ferme embrigadée poliment excavation

De filaments enchevêtrés dûment entre eux.

EXFOLIER

La pratique habituellement régulière

D'exercices peu enclins à requérir une

Supériorité massive pose, à petit pas,

Les bases compactes agglomérées se soudant

Obligatoirement en y ajoutant un brin

D'améliorations propres insufflées carrément

Par des biais tout à fait méconnu lagune

A l'exploration passée mais dont la saisi

Est resté vaine en raison de la volonté

De faire fi d'un ensemble de paramètre

Dans l'optique d'obtenir une mélasse de tas

Relatives aux souhaits intrinsèques formulés.

La mixture malencontreusement prospère

De ce substrat excédant la dose prescrite d'un

Niveau juste au-dessus imbrique la fantaisie

Qui en est finalement la recette proche de quelques mètres.

FORMALITÉ

La supériorité de l'évènement sur les

Participants conduit les encadrant à

Constituer des parcelles de tailles identiques

Somme du dénombrement unilatéral

Semblant satisfaire l'entourage

Affublé de clameur scandant les

Compétences de chacun provoquant

Par ce biais une institution intérieur

Tenace relative aux interprétations, glas

Lâché dans les hauteurs, flottant

Doucement en apportant à pas feutrés les adages.

Un lot bien garnit d'activité occupant le sas

Largement, espace attribué dénommé la place

A l'image d'un fourmillement d'heures

Gonflant les atouts, évidences, utiles, mirifiques

Au jet fusant le long de la corniche amicale.

PASSAGE

La circulation emmenée sur de bons rails

Excel au moment d'être entre-aperçu

Au loin par un groupe de sympathisant

Posté sur leurs bases solides, décidées

A voir venir ce point grossissant chaque

Fois qu'il donne des signes d'apparition.

Le projet enlacé autour d'une position,

Ancrage de la bonne direction des pôles

Dédiés à une augmentation progressive

De la chaleur dissipant ainsi une suffisance

Exutoire de la motivation à aller

De l'avant, avec, en face l'objectif

Relevé de poindre à l'instant propice

Affûté, dote toutes les facultés

Disponibles pour répondre aux offres de glisse

En sachant avoir un maximum d'équité.

MONTER

L'orientation première de l'énormité crue

Pousse les zones à se situer les unes en

Fonction des autres afin de garantir sûrement

Un nombre de caractéristiques sélectionnées

Au préalable dépendante de précédence pour

Leur majorité choisit d'après des analyses qui pic

Effectués au gré de l'évolution pratique

Intégrant des paramètres communs

Comme le fait de sonder plusieurs

Entités avant de prendre une voie bien

Déterminée. Il en ressort parmi la multitude

Une quantité restreinte dû à l'identité

Présente, prévisible, les appétences découlant de l'habitude

De certitudes fondent la surface sur laquelle leur

Croissance se tiendra responsable des pourtours

Affichant seulement l'alternative trop drue.

SPECTACULAIRE

Les éclats proviennent souvent d'un semblant

De situation calme à l'ensemble de paramètres

Intégré depuis une durée ayant induit

Une quiétude façonnée à coup de régularité.

Les instants vacants se sont alors emplis

D'un contenu similaire à chaque fois

Qu'il a fait l'objet d'une réception

Cet attribut étant lui-même emboîté

Dans un large panel de courant exact

Composition minuscules résolument

Faciles à reproduire d'une couverture

Beaucoup plus importante qu'une isolation

Synthétique élevant ponctuellement le

Niveau d'encombrement de manière

A extirper l'envoi vers des milieux

Stimulant périodiquement la bassesse passagère.

REPRISE

Élancée sur une piste droite, la grande

Dynamique prospère vaillamment sur

La longueur entamée sinueusement

Avec un courage communicatif illustrant

L'accumulation de bonté emmagasinée

Petitement, naturellement, en exerçant

Uniquement la répétition pugnace de

Recours à des méthodes anciennes, rodées

Connues, appliquée, dans des cas où la

Distinction terrestre requiers l'ablation

Radicales de toutes mauvaises venues

Dressant la postérité voulue,

Le dévolu revenant à cerner toute partition

Magnanime unanime instrumentalisée là

Lui soustrayant sainement la difficulté dure

Décelée ceci propulsant automatiquement l'argent.

REMISE

Altération brusque amenuise l'impartialité

Contrainte de s'offusquer bruyamment

Du manque d'allant manifesté lentement

Au cours d'une gravitation outrageusement lié

A un questionnement nouveau jamais

Soupçonné auparavant dont il faut

Rapidement considérer l'ensemble des

Traits dessinés, relançant les anciens morceaux

Dans des dénivellations vertigineuses annonciatrices

D'exercices besogneux à l'étude objective,

Des présences, leurs parcours, leurs invectives

Mettant en avant l'incrédulité amatrice.

La brillance amenée désopile les vrais

Au point de changer totalement l'opinion

L'abordage est la première pièce fonction

A être l'objet de réparation du concret abstrait.

ALLUSION

Les navigations scindées en des parties

Résolument obsolètes bougent a fortiori

La candeur matinale digérée à force

De déplacement adéquat relevant de l'amorce

De rigueur installée comme requis par

La volonté de l'ordonnancement technique

En amont du travail préparatoire ludique

Engagé à ressasser, à cheminer, dérisoire

Le geste addictif censé remplacer la vacuité

Creusée au fil de l'avancement attendant

Par dédommagement une hypothétique virtualité

Transformée de la version ancrée espérant

Plausiblement l'émolument légitime factice,

Supporter de l'opprobre permanent émetteur

D'occurrences habiles, toujours soulevées du

Côtés où la lourdeur devient une imposition tut.

EXULTER

Le saut magnifique traine derrière lui

Un nuage époustouflant apparenté à de

La fumée opaque poussant l'assistant

Prudent à incliner légèrement le regardant

Dans le but d'être à même de pouvoir ici,

Observer sans gêne la figure seconde,

Phénomène rare, assez exceptionnel en

Tout cas, pour être souligné expressément,

La torpeur entourant cette scène étant

Abrogée d'antériorité ceci octroyant

Bizarrement une impression de fraîcheur

Originale dû à l'ouverture instituée

Dès la prise d'appui, s'en suit une heure

Débutée à monter en gravissant fixé

Les échelons se profilant les uns après

Les autres étapes subversives qui plairaient.

SUBLIME

Sur les plates contrées les pâturages longs

Verdoyant foisonnent au milieu des

Chemins terreux s'éloignant à coup sauvage

De virage entre la végétation, l'illumination

Tout à fait juste, éclaire la plaine

D'une lueur emplie de plénitude sereine.

La réception faite de paysage authentique

Conduit les contractions à réagir en oblique

Amenant devant la hauteur à se mobiliser

A de nombreuses reprises déplaçant ainsi

La place conquise comprise assurément aussi

Face à la seule installation qui soit arrivée

A s'instituer basiquement à l'intention

Direct, objet de la séance permanente

Aplanissant les ardeurs cocasses lentes

Définissant l'aboutissement sur des gravillons.

OBTENIR

Au retournement placide de la partie pourtant

Lucidement organisée la répartie saisie devient

Pudiquement un lot fané adjoint de vaines

Conditions proportions indispensables sabotant

L'aristocratie éliminée par de telles bedaines

Garnit, l'optimisation provenant, du moins

Ayant l'aspect d'en avoir une de cette lointaine

Scène suffoque étonnement pendant l'examen

Travaillé durant des phases auxquelles

Incombent l'amélioration potentielle

De la considération simplement sidérée

A l'observation patiente du degré engrangé

L'exactitude prouvée lors de l'échange

Montre alors dans ce cas précis la louange

Décrite subitement grossissant numériquement

Le calcul effectué censé finaliser la crique.

DÉNOUER

A gauche le détail est futile la grosseur

Caractérise le style polymorphe axé

Sur l'expression des courbes tournoyant assez

De bas en haut maniable comme des leurres

Schématisant des virages réalisant des

Formes de toutes sortes qualifiées de rond

Pour les circulaires de triangles pour les

Angulaires d'octogone pour, voyons,

Les multifaces. Il existe aussi celles tracées

Au hasard, à mi-chemin entre la saillante

Complète, à côtés nombreux, renvoyant, disproportionnées

Aux cristaux, on pourrait les appeler les cristallisant,

Puis les plus arrondies mêlant arc de cercle,

Lignes droites dénivelés, plongeant, ici, débâcle

De l'ordinaire, estrade de la profusion, simulacre

De la simulation tapissée de couleur nacre.

ROULER

L'aberration est constatée la plupart du

Temps ouvertement en imprimant au

Niveau de la ligne d'arrivée un soubresaut

Soulevant même parfois légèrement le talus

Accolé incitant la longueur à se retrouver

Sur la pointe acculée sur le point critique,

Dernier rempart à basculer de l'autre côté,

Porte de la pénétration dans le vide fatidique

Où toute retenu est encore assez inexistante

Pourtant cet instant a les instruments utiles

A repousser cette limite cependant constante.

L'émission d'une traîné mobilisant le subtil

Est beaucoup trop peu répandu pour pouvoir

La prendre en compte comme étant une

Variable présente au diapason inamovible car

Inculquée dès les premiers pas ferme sous la lune.

ROQUE

Grimper au sommet maintenu basiquement

Par les harnais homologué divulgue

Savamment la capacité renfermée en

Rangée, minutieusement, sous les digues,

Garante de la bonhomie diurne

Évacuée à tâtons lors de mises à l'épreuve,

Faciles, déterminant l'opposition neuve

A cajoler durant le temps passé nocturne

Jaillissant au centre des intérêts opportuns

Entourant momentanément la petite

Perforation justement appliquée, très vite

Ajustée, dépendante de l'agrandissement joint

Aimant de la matière rencontrée

Triée grâce à l'attirance contenue

Intérieurement reluisant comme convenu

Sur le périmètre marqué dignement relevé.

DIFFÉRENCE

Surmonter la proposition à coup de

Bon vouloir anime la pluralité estimée

Singulière du moment du départ. L'aide

Trouvée réfute les thèses émises à trimer

Intensément selon lesquelles la probité

De la course ascendante facilite l'atteinte

De l'optique fixée en voulant orienter

La dispensation éphémère édictée, plainte,

À des reprise multiple mais jamais

Réduite rassemblant platement les

Extrémités éloignées dans un carcan

Propre permettant l'étude posément

De l'apport reçu, contemporain à l'actualité

Sous la couverture étalée à chaque

Piquet cadrant la victuaille gardée

Fraichement en attendant la fin de l'opaque.

RELIURE

Même penchée sur la question depuis

Des lustres l'assemblé peine à se faire

Une idée sur le sens à donner, aussi clair

Soit-il, à l'avancée subalterne fortuit

Scandé des fois à compter, pratiquement,

La millième, soumission exécutable tant

Les dessous de table pleuvent envoyant les agents

S'exercer à roder leurs remarques pendant

Le passage anodin de la visée stimulant l'intégration

Interne grossissant l'expérience en terme

De capacité à détecter, la rareté cachée dans le derme

Surgissant vraisemblablement à l'arrivée de la mission

Sélectionnant le matériau idoine vecteur

De la poussé propulsant vers la prochaine

Étape simplement grâce à l'impulsion, zen

De doigté choisissant à chaque tour le meilleur.

CONVAINCRE

La tabulation périodique fabriquée à des fins

D'utilisation régulière, base de la mécanique

Du groupe gravitationnel autour de l'axe ceint,

Fonctionne à plein régime au quotidien

Selon des préconisations venues d'influences

Mondaines formées carrément maintenues

Éloignées de toutes projections de lances

Ciblant leurs facultés à apporter les plus values

Dans l'optique de l'exubérant souhait émis

Au cours de phases de délabrement oraux

Procurant aux hallucinants une monté de petits

Sacs chatouillant la crête du sommet rouleaux

Compresseur de la monotonie produisant

Puissamment des synergies mixtes synthétisant

L'ensemble des réceptions tentaculaires saines

Pour les mixer et les transformer certaines.

PULSATION

Allègrement la prouesse se construit

Suivant des exemples analysés attentionnément.

Le moindre détail requis en une besace débordant

De renseignements fructifiant petit à petit

Servira à planifier une activité pleine

Agrémentée d'agents rehausseur transformant

La saveur du dur labeur en une vaine

Difficulté saupoudrée d'équité ébahissant

Les passants pendant des déroulements

Jamais élucidés poussant à faire remarquer

L'accablement ultime du discernement

Devant se secouer pour s'extirper

Comme bon lui semble de la moulure

Dans laquelle la séance commune

A cru juste placer la velléité sûre

S'immiscent pourtant de manière opportune.

FORME

La masse circulant sur la plénitude gagée

Réagit aux courants lui étant proposé.

Les impacts dont elle est l'objet

Façonnent ses contours renvoyant au sujet

Différents aspects variant avec l'absorption

Du choc, les bordures se caractérisant

Selon la consistance de l'endroit assistant

A l'évènement, la composition de l'appropriation

Entrant évidemment pour beaucoup dans

La proportion à bouger et par conséquent

La finalité entreprise pourra résulter en

De nombreuses issues malléables distribuant

Normalement une série ininterrompue

D'informations contribuant à balayer

Le doute émis par la concaténation rompue

Des directives dirigées à l'encontre des visés.

LOUER

La direction fuse vers l'orée d'une ère

Toujours plus belle fabriquée à coups

De semonces alliant mouvement flou

Organisé autour d'une fabuleuse référence

Auteur de prestation unique sur le terrain

De la mimique facilement transposable au moins

De préférence amenant la largeur en manigance

Lors d'allongements calculés plusieurs fois

A l'avance pour appliquer implacablement

D'étonnante méthode minutieusement

Élaborée en vérité au fil de repérages, loi

De la bonne exécution d'exercices obligatoires

A une différenciation certaine sonde

De l'explosion au niveau véritable méritoire

Suite à une répétition au milieu du monde.

MILE

La pointe fixe vers l'objectif, va et

Vient lentement humidifiée par le mucus

De son détenteur. Le lancé s'est apprêté,

Concentrant haut les éléments utiles plus

La dose nécessaire de chance pour

Atteindre le graal possesseur de la

Pluie de glorification revenant toujours

A l'habile positionné, sélectionné à plat

Misant quelques instants sur la finesse

Additionnée à la robustesse entourée

De délicatesse envoyant sûrement le doigté

Sur la grande circulaire signifiant sagesse

Au moment de constater l'arrivée sur

La dureté ciblée dès l'instant où le digne

Objet est lâché jusqu'à l'apposition cure

De jouvence de l'organisation des signes.

BURLESQUE

La moindre ignominie pratiquée

A l'encontre de la communauté regroupant

Les éloignements les plus lointains a seulement

Peu de moyen pour s'étendre à volonté

Auprès du voisinage qualifié à souhait,

Par ses congénères de la plus haute

Importance, d'authentiques côtes

A gravir à l'aide de démêlés abstrait

Jaillissant au-delà du progrès suivant

Une malice complice d'attraits hyper

Concret recevant pour apparats le super

De la mesure effectuée pratiquement

A tout les niveaux l'obsession

Découverte symbolise la dissimulation

Presque totale de l'intention d'insinuation

A la base des mots pourfendeur d'actions.

PATENTE

La moralisation a trouvé plusieurs fois

L'accord brigué durant de nombreuses

Périodes afin d'augmenter les exploits

Glanés au fil du temps en ayant l'heureuse

Présence d'esprit de procéder de différentes

Manières face à des présentations toujours

Plus absurdes devant obligatoirement un jour

Rendre compte des attitudes ambiantes

Décidées emmenant vers des résolutions

Demeurant évidente dans l'incarnation

Péremptoire de la vérité troublant

L'ignorance en des points existant

Depuis des secondes interminables

Joignable directement à des fins probables

De justesse formatée nonchalamment

Par l'avancée caractérisée des émoluments.

MANIVELLE

Tournoi le groupe magique sur la surface

Déterminée censée recevoir l'abreuvoir

Féerique de la circonvolution exutoire

Emmenant l'excédant dans une classe

A part, sacralisant la connaissance

En une place tenace poste facile

Où la ressemblance est de mise, subtile

Moyen de croissance au sein d'une tendance

Stagnante, nécessairement, car la praticité

À marcher est améliorée en obtenant

Aux alentours un environnement confectionné,

Stable, en des termes choisit, arrangeant

L'extrémité, aurait damné l'emploi inverse

De conclusions hâtives remettant en question

L'intention mais surtout l'appropriation

De la propreté de la voie, netteté transverse.

COLLER

La petite plaque fine imbibée sur l'un

Des côtés est classée dans la même

Catégorie qu'une énorme forme blême,

Qu'une autre pièce de matière originale, enclin

À s'apposer sur une partie a priori exquise,

Soumise à l'inamovible, venant observer

La lente descente de la formidable transmise,

Effective impression d'assembler

Jusqu'à une sèche répandue quasiment

Toutes les fois, proposant l'utilisation

De la méthode découverte, apogée de l'évolution,

Voyant le blocage devenir possible solidement,

Il est clair qu'un test est à relever

Sciemment, propageant la fonction plausible

De pouvoir désormais maintenir accessible

Des multiples proches développant les procéder.

PROBE

A la veille de journées placées sous le signe

De l'intégrité, la meilleur des façons

Qu'à eu le taux d'appréhension d'interpréter

La réception de la légèreté est de prodiguer

Des séances de patience en restant digne.

Les membres prostrés dans une seule position,

En guettant l'arrivée de rayons chassant

La déchéance en commençant par les lieux

Les plus reculés puis en progressant vers

Le gros du travail à accomplir en engrangeant

La matière incombant au tranchant,

Pouvant muter tranquillement, certes austère

Ceci étant cela semble nécessaire tellement

Les étapes à franchir sont des pieux tumultueux

A forte valeur ajoutée projetant dans une

Ferveur providentielle factuelle immune.

PROMPT

Un acabit magistral vivote le soir

Jusqu'au matin les minces manifestations

De joie entrevue oblige à venir, tard,

Se poser, observer l'application à une mission

Cernée de toutes parts. Le déroulement

Dorénavant plaqué fidèlement annonce le relent

D'objection primitive remettant en cause

L'intégralité, sa base, son origine qui ose

S'intercaler dans des interstices lisses

Présent pour des raisons toutefois inconnu.

Le placement tente d'être justifié du

Début mais le manque de savoir s'immisce

Lui aussi en opposition aux constructions

Prétendu sereine de bonnes intentions

Devant pourtant déballer le complet

Tout en étant cohérent sous les aspects.

LANCER

La voie est ouverte, le bout est envisagé

Les décombres peuplant les rebords de la

Chaussé ont pu être évacuée à coup de pied

Formant des monticules pyramidaux aux côtés plats.

Ceux-ci, eux aussi, ont pu être ramassé,

Inaltérée puis déversé dans un récipient

Prévu à cet effet. Le gros de cet amas guidé

À un recoin localisé, zone de traitement

Dédiée. La moindre salissure, maintenant,

Reçoit la visite impromptue d'une forte

Bouffée libérant le carré occupé, exhortant

À faire bouger cette lourdeur aidée d'une cohorte

Salvatrice, passe alors de gauche à droite

D'un trait le jet exceptionnel qui miroite

La possibilité d'atteindre le sommet ainsi

Dénommé lui conférant la compréhension d'ici.

AFFIRMATIF

L'exécution des données transmises

Remporte le suffrage maximal

Au moment de déterminer l'optimal

Action à mener. La munificence prise

Enjolive la splendeur de plusieurs heures

Supplémentaires à compléter la tâches

Incombant aux restants souhaitant l'heurt

De la rareté contre la prolifique cache,

Le stimulant, saisissant l'aberration

Pouvant conséquemment découler doucement

Parvient à rehausser le picotement

Cheminant largement en direction

De la localisation soudainement

Au centre des expectatives portant

A susciter des interrogations multiples

Déduction des constatations sextuples.

PESER

La branche solidement enracinée dans

Les profondeurs abyssales de la matière

Poreuse plie sous l'appui certain du grand

Cordial provoquant un balancement éphémère.

Il en émerge un mouvement de va et

Viens croissant, à vitesse constante,

Mettant en place une activité ludique lente

Dosant l'excédent d'immobilisme formé

Pendant assez longtemps pour faire surgir

L'intégrité totale se tenant placidement

Du bout des extrémités fermement

Réussissant à propulser vaillamment

Le circuit emprunté à la veille d'un

Manquement majeur dans la machination

Excentrique utilisée jusqu'au lendemain

Motivée par une intériorité juste fiction.

DILIGENTER

A la merci de s éclaires déployés sur

L'horizontal, la juxtaposition des plaques

Scinde lorsqu'il s'agit de recevoir l'azur

Lui envoyant décemment le motif du craque.

La préparation pourtant grandiose vaut

L'approximation de la construction

Prenant appui sur le fond génial aux

Jalons trop éloignés pour être l'union

Concaténant la soudure facilitatrice

De densité retenant le dessous sous

La pesanteur des écarts écrasant le bout

Sur la proposition encadrant libératrice

De mouvements accordant des directions

Aux vacataires souhaitant tester

L'opiniâtreté dévolue entre les superpositions

De couches altérant le discernement gagné.

CERTES

A plat, le fongicide mouille sur la zone

Lui étant attribuée par les paramètres propres

A ce qui lui revient suite à son aumône

Ouvrant bonnement la possibilité âpre

De se voir de nouveau accorder l'entré

D'un périmètre ceint requérant la

Simple nécessité de démontrer la volonté

De répondre correctement à l'attente du sympa

Opposé comme une mirifique contribution

Au placement prolifique entrevu loin.

Si l'exhaustivité des minuscules soins

Demandés convergent dans le sillon pont

Titrant le mérite illustrant la secousse

Souillant la tentation oblongue appelant

Le côté arrière de la façade à la rescousse

En initiant une sinusoïde souple par l'avant.

BOURRER

Le stock, rangé à l'angle de la partie

Nettoyée destiné à ordonner l'accumulation

De denrées trouvée ci et là, obtenues au prix

D'un prélat disparu patiemment, classé pion

Manipulé s'emboîtant exactement avec

Ses congénères de manière à faire

Grossir le talus servant de base au bec

En quête de provenance renflouant d'équerre

Le creux installé depuis déjà une trop

Importante saison reluisant tant

Son exposition a contribué à astiquer au

Bord ses parois de bon aloi préparant

L'accueil à une éventuelle graine

Réfractaire en lui montrant par ce biais

Ainsi toute sa gratitude au frais

Pouvant être saupoudré par une naine.

AVIDE

Le minimalisme éperdu de la sobriété

Pourvoie à la rigidité une capacité

Inaliénable tordant sur son passage

Toutes les fausses comparaisons d'usage,

Exaltant une profondeur souterraine

Impossible à apercevoir, membre

Pourtant, seulement, d'un élément de la certaine

Situé sur un côté, ayant une fonction couleur ambre

Poussant la position, aidant à maintenir

La droiture indépendamment des autres

Solutions, s'encastrant dans le désir

Ancré en divers terrain d'où, débattre,

Sur les interférences est muté près

De poteaux qu'on référence comme étant

L'absorption de dénégation au concret

Redoutable, dissoute efficacement calmement.

PRESCRIRE

L'invention vaut ce qu'elle vient

Solutionner. Le poids immense pesant

Sur l'espace dans lequel le vide impressionnant

Est présent dû à l'installation d'un maintien

Reproduit, stagnant, argumentant par

Sa réalisation la probabilité de combler

Le mécanisme exécuté difforme, épars,

Aimantant le tournoiement, faisant migrer

La prise vers un propos objectif, requérant

Une innovation, la définition d'elle-même,

D'une description formalisant les entourant,

Cadrant fictivement dans un premier phonème

L'illusion pouvant accélérer le franchissement

De la ligne de démarcation produisant

Le résultat imaginé à une vitesse

Supérieur fournisseuse de détenteur de liesse.

REMPORTER

La hausse complète de l'indicateur principal

Brouille totalement la conception globale

Fabriqué à l'intérieur des bulles normales

Leur permettant de poser correctement le buccal

À des endroits magnifiquement linéaires,

Propageant la candeur prospère sur les phases

Insipide faute de plusieurs émanations claires

S'illustrant par leurs absences, extase

De la bonté qu'arriver à structurer

La moindre vacuité en se servant d'appui

Distant rodant voluptueusement, décidé

À jaillir à l'occasion d'une belle nuit

A l'exquis ostentatoire plein de pudeur

Grandiloquents cherchant à s'uniformiser,

Trouvant encore des carreaux minorés

Sur lesquels l'impossibilité est le vecteur.

AMORTIR

L'envolée est suivit d'une perception

Collant au plus proche, le tracé pris par

La consistance prenant de la hauteur car

Démontant la force la retenant au sol, la gravitation,

En intégrant une puissance agitant bruyamment

Les composantes s'additionnant dans la face

Étant du côté de ce qui est alourdi grâce

A une juxtaposition savante d'agréments,

L'abasourdi voyant, l'effet se résigne

Puis, dans un second temps, se prépare,

Se place, ajuste son équilibre rempart

À l'échec, se profilant en contrepartie de la ligne

Outre, où se situe l'ingrédient exact

À une nourriture précise en guise d'actes

Assimilés, fomentant la réponse à apporter

À une redescente rapide à maîtriser.

BASTION

L'exploration menée est allée sous toutes

Les niches existantes soulevant les amas

Poussiéreux au détour de chaque recoin voûte

Pouvant potentiellement renfermer les tas

Recherchés insufflant le carburant utile

À un fonctionnement optimal de l'organisation

Divulguée secrètement redistribuant le futile

Intérêt parsemé également en des jonctions

Emmagasinant, par abattement, le glaive

Synonyme d'euphorie au terme de l'achèvement

De la lutte traditionnelle couvrant de sève

Le trépas instigateur de l'inévitable relèvement

Trouvant dans son butin l'enlacement

Assez serré pour transporter par le bas

En étant entrainé par le vacarme du combat

Saluant courageusement l'attirail retentissant.

SAVEUR

La senteur remonte jusqu'au sommet.

Elle se diffuse dans les navettes circulant

Aisément au travers des rayons nets

Laissant traîner derrière elle un semblant

De légères effluves flottant arrivant

Aux cils olfactifs des contemporains

Emplis d'une mansuétude tel qu'un

Bouleversement stimule l'interprète en

Divers plans notamment celui de la

Faculté à se mouvoir à la réception

De la phéromone déclenchant l'action

De sourciller empreinte d'un confort au-delà

Des espérances dont les capacités

D'imaginations ont pu expulser les

Pourtours gardant à distance réputées

L'exactitude des détails somme qui plait.

SACCAGE

En allant se réfugier sur les hauteurs,

Les rencontres faites en chemin ont

Remplis la poche dédiée à contenir bon

Nombre de masse utile au plus annonciateur

De capacité à fendre la particularité

Situé en aval de la piste sur laquelle

S'est engagée la lourdeur dévastatrice amoncelée

Des tours durant exclamant la sempiternelle

Détermination à poursuivre décidemment

Sa course rapprochant l'allié de la finalité

Exaltée levant automatiquement la bonté

L'emmenant à battre le brin densifié, foisonnant,

Créant une ouverture dans le champ, à perte

De vue, esplanade par laquelle il faudra passer

Pour gagner la traversé livrant la possibilité

D'atteindre l'extrémité à l'aide de pratiques expertes.

MOUFLET

La taille du revêtement exerce une pression

Des plus importantes sur la charpente

Véritable référence de l'ensemble d'addition

Distribuant à tâtons la grandeur qui vante

Les mérites pudiques de l'exposition,

Facétie numéraire sautant irrémédiablement

De tronc en cailloux maintenant

Un aplomb circonspect, indivisible, union

Entre une dimension extensible,

Un retrait pouvant être réduit

À un recul donnant suffisamment de tri

Pour l'élan pris au cours duquel le sensible

Mélange la potion, ses ingrédients

Faisant naître une effusion

Tapageuse outrageuse, son de la fiction,

Grillant l'exclusivité biaisée en liant.

LANGUIR

L'amenuisement dû à des frottements

Exacerbé engendre une usure pathétique

Fortement caustique qu'il est obligatoirement

Indispensable d'ériger comme une modique

Manière de grappiller des avancements

Rogatoire relançant facilement la

Continuité poussée à son extrême devenu seulement

Irrémédiable à l'égard d'autant d'opéra,

Simulation prohibitive d'ennui déplaçant

Le blocage en le tirant attaché par une corde

Enlacée autour de la ligne critique induisant

Une optimisation du lieu de pression, horde

De convenance, convaincant le dessous à libérer

Le montant déterminant sa glissade contrôlée

En une délimitation préalablement calculée

Argumentant joyeusement le fait de devoir tirer.

DÉFERLER

Le levé précis soulève la folie annoncée,

S'amorce alors un atterrissage mesuré

Octroyant une double solution matérialisée

Par le stoppage de l'allant d'une part et

L'enclenchement du mécanisme moteur

Mouvant l'énorme bâtiment à l'heure

De délibérer concernant le nombre

De qualité à démouler sur l'ombre

Identifiée comme étant la priorité

Des mobilisés avant même ce qui

En est, à l'origine, statut blême prostré,

La stratégie démagogue étant par ceci

D'apprivoiser ce qui peut l'être en vérité

En mêlant des techniques honorifiques

De blé, des articulations d'emblée

Formulées, tout cela multiplié à de la rapidité.

ABONDER

La totalité se tasse, parée à démarrer.

Le rapprochement réchauffe les présences

Sûr de la réussite de leurs projets amarrés

À des certitudes venant de constatations denses

Tâtées afin d'en vérifier pleinement

La véracité. L'assurance de tabler sur

L'adressage exact renforce l'idée pure

De se tenir selon les pré-requis normalement

En vigueur, de respecter la bonne humeur,

Tout en prouvant une rigueur jubilatoire

Quotient de la promiscuité par l'honneur

Dont le reste est sans doute la mangeoire

Des allégations fondatrices du supplice

Avéré offensé au travers de la pose

Sincère de cette division, obstruction rose

À la tension orientée, immuable de délice.

BASTINGAGE

La redingote habite fièrement sur

Son perchoir, trône à l'entré du

Modeste abris occupant comme su

Une fonction similaire ayant cure

De la température, des accès humides

Pouvant pénétrer dans le tissu exposé

Aspirant l'intégralité en regorgeant gavé

La rejetant après avoir dépassé le vide

Matérialisé par le moment où la goutte

Critique, famélique, induit le passage

Du côté précédent cité. Encore inexplorée, cette

Phase réduite est caractérisée toute

Entière, d'abord, par un lieu de réalisation

Scène de la prise de forme de phénomènes

Synonyme d'inexistence qui malmène

L'explication lui demandant véhément mention.

MOULURE

Au repos, le dessin patiente, les agrès

Sont prêts à être apposé sur l'angle.

Nu, les outils brillants frémissent. L'abstrait

Lisse extrait du fictif illusoire s'étrangle

Sur tant d'hardiesse à les maintenir

À plat, la maniabilité retrouvée monte

À la surface excitée par l'obligation du soupir

À abdiquer de l'inactivité en proie à la honte

De sa velléité sommairement relevée, acculée,

Foudroyée, par le jet des rayons tributaires

De l'éclaircissement illuminant les réfractaires

Jusqu'à incurver l'arc picotant les signaux

Générateurs du risque dans la mesure où

Ils font le geste décisif objectivant

La globalité, sécurisant les arguments

Appréciateurs de la bonhommie toujours debout.

GRANDIR

L'arrondi éructe gentiment inoffensif

Étant poussé hors de son confins chaud

Ravitaillé régulièrement via un tube

Souple lui assurant les constituants

Venant se coller aux parois membranaires

Instanciant l'évènement suscité systématiquement

À la perception du pendant nécessaire

Muant, au fur et à mesure uniquement,

De l'arrivée progressive de la pièce

Maîtresse. L'inclusion est donc apparentée

À un plus augmentant la quantité

Présente grossissant de ce fait l'espèce.

Le phénomène induit est une réaction de l'exécutif

Au travers d'un processus contenu dans

Le code définissant la forme en cube

Du plastron dont il est question là haut.

SOUS

L'altitude permet de distinguer les

Extrémités, le sol, la surface d'un

Point à l'autre avec un net enclin

À se demander ce qui pourrait bien, des

Fois, y avoir plus bas, ce qui pourrait

Être trouvé en descendant longtemps

Assurément l'approchement reviendrait

À faire se préciser les plots disposés en rang

Les différentes matières les entourant

Carrément alignées les unes par rapport

Aux autres justement dans le but d'encore

Pouvoir circuler en accélérant vaillamment

Le durcissement étant lui aussi constaté,

Sollicite évidemment, éclatement d'une

Question interrogeant sur la viabilité

De l'existence de formalités situées ailleurs chacune.

TARE

L'équilibre porté vers l'avant met en

Péril la totalité de l'embarcation.

Les longueurs émanant s'ajustent mesurément

Allant de haut en bas cherchant avec appréciation

La zone renfermant l'immobilité, apportant

La comparaison statutaire pourvoyeuse

De calme montant lentement, loyalement

Jusqu'à conférer la dureté localisée, houleuse

Dans une extrémité de précision située physiquement

En un endroit géographique toujours présent

Qu'il suffit de trouver, qu'on pourrait croire

Partout mais en vérité illusion car cette part

Apparait seulement lorsqu'elle est sollicitée

Et la démarche ainsi effectuée se réalise

Uniquement à certains moments qui autorise

L'abdication de la probabilité de la véracité.

ÉMÉRITE

La région environnante certifie l'emploi

De denrées cueillit ardemment depuis l'ouverture

Des voies engageant le déploiement extra.

D'innombrables lancements saisissant la pure

Couleur perchée à une altitude pour des raisons

En réalité ignorée dont on ne saurait expliquer

Car tout simplement le dévolu à cessé de constater

Leur hauteur dès l'instant où il a su, au son,

Provoquer, par leur bouché, qu'il était possible

De commettre l'irréparable, c'est-à-dire

De sauter l'étape pourtant lui résolvant le pire

Trou se situant dans la partie centrale cible

De ses pauses de considérer quel motif envoyait

Le comestible se positionner à une place requérant

Un travail énorme destiné à assouvir absolument

Une satiété élucidée diverses fois s'il vous plaît.

JOUE

La praticité invoque souvent des méthodes

Particulières modelant le ralenti intégré

Au geste global résultant sur l'exactitude gérée

Grâce à l'application de répétitions exode

De la médiocrité provenant de l'abstention

Du déplacement dirigé, destiné à promouvoir

La faculté couverte autant de fois qu'avoir

A été prononcé, qu'il faut désormais, par exécution

Capturer puis modeler tout au long

De séances construites de manière aménagée

Disciplinant le trajet parcouru par l'action

Sélectionnée face à la problématique avérée

Répondant à une analyse isolant correctement

Le rôle à attribuer aux services joignant

L'imagination au concret en distanciant

L'abolition tumultueuse de l'impassible semblant.

PREMIÈRE

À l'orée des prémices des préparations,
L'obstacle se profil fidèle à lui-même,
Posté, se dressant majestueux de fabrication
Original, ancré derrière une série blême,

Sûr de leur effet défiant la suprématie
Galopante déboulant à toute hâte afin
De le couvrir de sa splendeur facétie
Prenant signification au moment divin

De l'élancement d'un quadrupède s'essayant
À dépasser la barrière décrite d'une manière
Différente, symbolisant une énième clairière
Appliquée au terrain encadré obtenant

Ainsi le prestige déclaré face à une silhouette
Surmonté d'un guide l'amenant droit
La parer de succès à l'amorce de cette
Descente attestant d'une réception à plat.

TASSOT

L'échancrure cécité un élargissement

La tendance poursuit un niveau de satisfaction

Tel qu'il est indispensable de s'assurer

De la vertu engagée en guise d'acompte.

Aux premières vérifications, une chute de honte

Vertigineuse impardonnable à ce niveau

Est élucidée par la découverte d'agissements

D'une autre époque, voire d'une époque

Inconnu. Au diapason se situe d'emblée

La modification intérieure souhaitée

Initiée par des manœuvres dont

Les auteurs tardent à être identifiés

Du fait de leur connaissance des conséquences

Du processus complet car il invoque

Un appel à des ressources propres au

Fond commun s'accordant autour des absences.

BELLIGÉRANT

La division consume vraiment doucement

La séparation produite suite à une

Accumulation de débats vifs ostensiblement

Organisé censés faire participer la lune

Invité surprise de la prolongation, tard,

De l'inflammation s'élevant de l'implication

Mutualisé installant des nœuds d'imbrication.

Le mérite trouvé revient à pouvoir savoir

Comment se place la partie proposée

Ce qui induit une obligation à exposer

Les inventions à exprimer dégageant forcément

Un intérêt attrait liant des engagements

Tendant à avoir plusieurs déductions

L'apaisement d'une part puis le rapprochement

Indiquant plus aisément aux pertinents

La marche à suivre terminant l'évacuation.

BOULEVERSEMENT

A tout berzingue, la vitesse atteinte

Désopile les participants. La conduite

Adoptée laissant aucune place au doute fortuit

Sème l'éclat à chaque passage maintenant éteinte

La crainte de la récidive, estompe encore

De bonnes fois l'exemple montré comme

L'illumination titanesque soulevant lors

De courbes penchées un amas somme

De petites billes systématiquement très

Réactives irritant la phase critique mais

Nommée au sommet avec une désuétude reflet

De la candeur sur laquelle se déverse le vrai,

La pression exercée sur les recevant cloitrés,

Content, plaqué pourtant inlassablement

Monnaie d'échange, dirait-on, de l'apport énormément

Étonnant effectué mettant malgré lui la piété.

DIRECTEMENT

La compréhension commune facilite

L'excitation subjuguée par un tir

Touchant trop vite l'aspérité subite

Laissée en place volontairement pour reluire

Lors de l'arrivée du moment opportun

Délivrant correctement le flux propulsé

Jusqu'à l'emplacement certain poussant à prononcer

Les meilleurs frasques sociétaire d'un

Point au sein duquel les dérapages

Sont l'apanage de services solidaires

À des causes attenant les capacités qui fédère

La fermeté théoriquement expulsée ambage

Brièvement scénarisé objectivant un contexte

Souhaité substantielle créant des conditions

Absurdes attribuant une option sur le texte

Pouvant être récité à l'avenir sans omission.

QUADRUPLE

Le besoin apparu inévitable peut l'ensemble

Vers des zones attirant les chaleurs

Créatrice du mouvement à chaque labeur

Accompli amplifie la tension qui assemble

Les miniatures vectrices directrices de la croissance

De l'intensité validant à chaque avancé

L'exactitude de la réflexion recommandant la percé

Dans la route appropriée diminuant la persévérance

Outrancière la cadrant basiquement afin de

La dédier aux aimants l'appelant indéfiniment

Les victuailles affirmatives complétant seulement

Les victuailles négatives ceci jouxtant la demande

D'agrémentation utile à l'édification

Expiatoire d'une incommensurable mission

Terminaison hypothétique d'un périmètre

Plongé dans les affres de nébuleuse peut-être.

MAXIMUM

La vaste étendue se révèle globale

Envahissant le pourtour de sa composition

Génial. L'apport engrangé par sa distinction

Sphérique pénètre sciemment dans les salles

Réservée en position d'attente sachant

L'arrivée d'un rayon lumineux total

Écartant respectivement les parois latérales

Renfermant la soudure activant le déclenchement

Du passage du côté tant recherché bénédiction

Bénéficiaire abondant de mansuétude

Caractérisant la fusion entre le sud

Perforateur et un état décroché

S'immisçant initialement dans une ère

Fraîche presque aboutie préparant à un

Saut préalable de façon imagé sommaire

Plaçant à tâtons un environnement succins.

MAILLE

L'échancrure est témoin de l'entrée

Tonitruante d'un bout humidifié s'insérant

Pointilleusement puis réapparaissant du côté

Où le pli doit être effectué revient alors inversement

Sur ses pas devant s'accrocher par un mécanisme

Vieux très ancien consistant en la réalisation

D'une bouche double fixant largement le ludisme

Au tracteur introduisant diversement la fonction

Fine le long de la matière. Dès lors un rythme

En cadence est lancé en farandole de gestes

Se succèdent selon un patron qui peut-être hymne

De la culture s'érigeant par ces procédés reste

A clarifier la forme à dessiner en utilisant

Ces vagues ondulatoires déambulant restèrent

Se côtoyant se chevauchant passant dessus

Dessous s'en allant revenant finissant aperçu.

TORDRE

En exhumant la partie immergée de la

Faiblesse les dessous favorisent le ressort

Agissant grâce à la pression et consort

A catapulter la grosseur littéralement par delà

La surface faisant jaillir tout droit

L'extraordinaire contenu de façon piètre

Le libérant nonchalamment pour le soumettre

Aux expositions rayonnantes venues à l'endroit

Embrasser la servitude minime dans laquelle

Se trouvait l'objet des convoitises

Qui amenuise l'espoir de voir permise

Un jour la querelle s'achever sous l'ombrelle

Dispensée reposant assurément l'onctuosité

Lui promettant d'accabler son développement

Engendrant ainsi la continuité semblant

Maintenir la couverture partielle pleine de viscosité.

ÉBRANLER

La rondeur stagne superbe de régularité

Aux contours définit passionnément emportant

Dans sa révolution un entrain contraignant

Les occupants à s'agripper aux polarités

Sous peine d'être secoués par la simple

Vitesse de croisière faisant circuler

Un courant sorte de bourrasque ample

S'engouffrant aspirée dans les cheminés

Les couloirs des boulevards tombant du haut

Vers le bas mais aussi du aux chocs risquant

De heurter les montants intervenants en avant

Comme des coups de semonce frappants les rouleaux

Tassant les crevasses entre elles soulevant

Ses pans souterrains bâtisseur d'altitude

Cherchant à conquérir les sols en évacuant

Le surplus conséquent de la réaction des similitudes.

ABCÈS

Le gonflement permanent fait grossir

La bulle. Elle s'étire perpétuellement

Pleine de divers éléments liquides se mêlant

A d'éventuelles substances gazeuses élixir

D'une complaisance dosant l'addition

Sommaire de véritables composants

Changeant tout le temps la taille la dimension

Dont l'aboutissement devrait être l'éclatement

Pendant cette période. L'augmentation astreint

L'entourage à assister médusé au train

Proposé par les masses contenant la sphère

Sur le sol sans traitement particulier qui obtempère

Passivement à ce déroulement dans lequel

Les rôles semblent inversés c'est-à-dire

Où la boule est devenue directrice de l'avenir

Alimentée en réalité par justement pêle-mêle.

COTILLON

La déformation des traits prolongement

Logique du dessin donnant du mouvement

A la circonférence gravissant secrètement

Les échelons parsemant également le blanc

Du plan complètement praticable lie son

Bout à la percussion d'une distance ridicule

Propageant par ordre vibratoire la valence

Identifiant avant même sa pénétration

Par conception l'opulence avertir concaténant

Les morcellements à maintes reprises assurant

La priorisation du contentement en infiltrant

Tranquillement le trou béant posé sainement

Dans l'optique tellurique d'abroger l'insouciance.

La répudiation ravagée par ce mode opératoire

Classifie d'office cette description illusoire

Remettant le hasardeux aux loin près de l'impatience.

PENCHANT

En diminuant la clarté promise sur

L'horizon lumineux, le réflexe détonne

Aussitôt contractant sa tension qui résonne

Autour de la déduction embauchée. La tournure

Excède alors par ce chemin imprimant

Le remède à l'emplacement cerné lui intimant

La recommandation de triturer grossièrement

L'embouchure creusée distribuant totalement

La permission d'évoluer en coupant en deux

La longueur relâchant ainsi l'ignorance

Isolante nonobstant levée scrutant le valeureux

Vide en veillant à rendre disponible l'existence

Unique de quelques variables connues défendues

De disparaitre accaparées, mise en scène, retenues,

Leurs définitions veut pourtant les qualifier

D'impalpable et de ce fait pouvant fuir certifiées.

BLÊME

La coloration aurait pu être différenciatrice

Au moment d'examiner le retrait

Effectué à pas feutré. L'impassible

Réception trouve dans l'organisation motrice

Une assimilation primaire insufflant

Dans les conduits proche un jet automatique

Nettoyant l'accès propice pour la modique

Quantité d'une immobilité entourant

L'acariâtre splendeur détentrice de la pénible

Obligation de rester de marbre face

Au convoi remontant, dévalant l'abstrait,

Modérant les situations rencontrées possibles,

Commande de test émettant un extensible

Étirement sur la tignasse insinuant une place

Faite au forceps par usure temporelle

Élargissant l'amendement superbement exceptionnel.

TRÔNER

L'impeccable objet de toutes les convoitises

Supervise la plaine étendue captant toujours

Le moindre sourcillement, sortant le jour

Du rang risque une accumulation concise

De déséquilibres emmenant l'alignement

A trébucher sur la buté, dépassant

Malencontreusement du sol couvert de pelouse

Rafraichissante revigorant la troupe ventouse

Des semelles accélérant le défilement

Puis surtout protégeant efficacement

Le dessous élaboré de façon à projeter

L'extase hors des limites de la contré,

Gardant gentiment l'a priori conçu

A l'abri des dégradations suspectes

Conceptualisée évidemment pour le dessus

Tout en venant s'encastrer de manière abjecte.

AVENANT

Bien, la séance est ouverte, le membre
Tendu s'avance enjoignant la partie
Adverse, mais commune, à témoigner entre
Deux statuts d'une fermeté véhiculée ici

À travers le sourire, conjointement à
L'adjonction des extrémités, diffusant
Dans l'unité à laquelle elle est reliée un reliquat
Cinglant, mystifiant, de bas en haut simplement,

La structure s'érigeant éminemment se tenant
Paré à dégainer à la moindre attitude sereine
Une poigné d'enchainement excellent concentrant
Systématiquement l'attention en une hautaine

Réplique diluée d'une goutte pléthorique
Scindant en huit le morceau périodique
Devant s'affubler d'une notoriété excédentaire
Au lieu de l'humilité gavée d'intériorité agraire.

CARDINALE

Les recoins garanties priorisent le rangement

En sécurisant la mobilité gagnée pour ceux

Qui réussissent à s'y installer. Leurs vieux

Tas fabriquent. S'en avalise alors l'emportement

Bâché, quasiment destructeur tant la niche

Providentielle s'excuse du désordre chiche

Désœuvré la majorité cloisonnée derrière

Les émoluments perçus maîtrisant l'entière

Envolé de la cotation particulière de l'aune

Met digeste transfuge de tergiversations

Adhérant un peu trop, évitant, certes, la dépréciation

Suscitant cependant la demeure en des faunes

Badigeonée de velouté, velours externe

Conférant à l'afférant le laxisme

Traditionnel ôtant la surprise aux ternes

Instant devant venir finir l'ostracisme.

MARCHER

De part et d'autre, la bordure encadre

Le parcours détaillant l'évolution à avoir

Requérant une progression native devoir

De la présence utile, base de l'exactitude tendue

Proposant aux occupants de taire la précarité

En retour d'une manne compensatoire

Devant emplir les manques de l'autorité

À réserver le dégoulinement le soir

Dans la cavité dignifiant le discours

Employé, caressant les butins, tous pour

Le renversement d'une situation insoutenable

En terme de fourniture intrinsèque, comparable

Au soulèvement d'une dalle enfouis à l'aide

Uniquement d'une brindille glissée à l'endroit

D'un changement perceptible par une voie

Jugée obsolète juste utile car vraiment raide.

BERZINGUE

Le paroxysme à son apogée est qualifié de telle manière,

Suite à des constatations faites au gré

Des déambulations, en plein milieu de l'espace ouvert.

La réserve emmagasinée secoue sont tout, simplement,

En raison des conditions rencontrées lors de cette cavalcade.

La chaleur externe percute l'unité fondée

Lui attribuant des failles dans lesquelles s'imposeront

Les courants stimulateurs de vertus, fortifiant la capacité.

Ainsi se développe la faculté à reproduire à l'identique

Les courses à multiplier au sein d'un environnement

Qu'il aura fallu apprivoiser en renvoyant avec bonté

Clairement des réponses aux sollicitations de réactions

Disproportionnées afin de s'adapter à l'attention exclusive unique

Portée par les haies vives encadrant l'escapade

Garante du phénomène enveloppant l'endroit

D'une atmosphère pointilleuse conviviale d'apparat.

DIURNE

La majorité l'emporte au moment de décider de l'avènement

À dessiner par rapport aux instants passés

Cumulés formant une configuration nouvelle qu'il convient d'assimiler

Dans le but de pouvoir viabiliser l'ensemble des éléments

Mis en place lors des développements élaborés succinctement

En présence des principaux intéressés au retour à une situation

Convenable qui en plus de cela devra satisfaire

La réalisation de preuves attestant de la bonne tenue

De compétences certifiant l'acquisition de plusieurs

Capacités censées augmenter le fort au sein duquel est stocké

La réserve naturelle de caractéristiques différenciée

Qui viendront au moment opportun se placer pertinemment

De manière à pouvoir utiliser les facteurs

Amenant proprement la croissance vers des cimes claires

Modifiant les aspects techniques de la constitution

De la réussite obligeant à une adaptation temporaire voulue

FINITION

Grossit de plusieurs fois sa taille,

L'auteur de la petite information complémentaire

Se délecte par moments d'une manière égale

À ses canaux de communication lui amenant

Des signaux aux variations produisant instantanément

Une sensation complètement différente dont les répercussions

Guident le mouvement des considérations émises

Par le lent déplacement des membres

Réquisitionné selon un mécanisme établi depuis la banquise

Venant, à vitesse surprenante, se placer, déclencher la conviction

De la polarité de l'animation interne orientant

De la plus banale des façons le courant simple contenant

La suite d'éléments constituant le message arraché des entrailles

Fusant vers la destination indiquée dans le but unique

De répondre à la sollicitation reçue en pratique

En lui appliquant un retour restant gravé dans les annales.

TROUVAILLE

La douce marche lente vers le lieu de stationnement

Est parsemée de la plus grande partie des éléments

À considérer comme une accumulation d'information

Destinée à être traitée dans un confins en cours d'exploration

La magnifique machine se lançant à l'entrée

De ces denrées ingurgite, rumine puis reforme

La structure qu'elle porte en guise de mécanisme

Lui attribuant la possibilité de faire des réponses.

Le résultat découlant de l'utilisation de ces techniques

Est la transformation de l'organisme en une nouvelle version

Incluant la précédente et ce qui aura été véridique

C'est à dire l'essentiel du reçu mélangé puis régurgité.

L'apparence de la texture obtenue reflète naturellement le chemin emprunté,

Les incidences rencontrées servant à compléter la fourniture maîtresse

Dirigeant la projection instinctive sur les réseaux infiltrés

Base de l'appréciation du groupement en action

DÉNOUEMENT

Le déroulement des évènements a induit une émergence

De l'accroissement de la mobilité. Les moyens de transport.

Ont ainsi pu gagner en diversité proposant des solutions

À des problématiques liées aux instants passés à cumuler la patience.

Le déplacement opéré par des variations étire

Le volontarisme vers des sites extérieurs

Obligeant les protagonistes restant à se mesurer

Aux arrivages quotidiens en relation avec les éloignés,

Ceci appliquant une teinte aux réflexions en cours,

Les projections étant régulièrement modifiées par des courants

Amenant progressivement d'opportuns discernements à prendre

En considération l'achèvement de leurs maturations.

L'ensemble issu de la configuration obtenue engendre

L'émission de diffusions concrètes tenues secrètes pour

Pouvoir utiliser le jaillissement aperçu lors

Du retour à une situation globale assainie en découlant.

ACCORD

La salutation révérencieuse témoignage de l'avance

Envoyée au nouvel entrant dans le monde.

Des grands garants de la plénitude tentaculaire prétendue,

Aux affres nombreuses maintes fois résolues.

L'apparition des considérations nécessaire à une application

Est l'objet traité par souhait d'un apport

Définitif aux instants consacrés à trouver comment

Remédier à la totalité des faits présentés.

La visée tellement ambitieuse requiert obligatoirement

Une présence hors du commun permettant de trôner

Stablement face à une perspective chaque fois

Plus développée sur une base friable qu'il a fallu préparer par rapport

Aux courants occupants la place de bon aloi,

Fortifiant l'espace par un vide tumultueux,

Impressionnant les candidats à une traversée intrépide,

Au risque de créer la pulsion utile à braver l'impensable excavation.

LOBE

Super clean l'alinéa est trop compliqué

Pour pouvoir y caler tout ce qui concerne l'explication.

Une bribe courte suffisant, les minces lettres

Sélectionnées avivant la tentation bien entamée

Chargée d'allumer l'éclairement poussant une linéarité

À poursuivre la transaction existant au travers de la vacuité

Séparant le contenant, la zone de libre circulation

D'un autre principe absorbant désirant

Visiblement par ce placement inoculer à ses canaux

La courbe fluette mais coquette somme de plusieurs points,

Celle-ci leurs fournissant au moins une large

Palette d'axes sur lesquels s'attarder timidement loin d'être en vain,

L'absolution potentielle se trouvant suivant ces démarchages

Couplée à des élocutions mondaines jouées judicieusement

Sur ces débords originaires de l'imaginaire peut-être

Ce qui induirait une certaine mutualité juste ce qu'il faut.

ENVOLÉE

De provenance péremptoire, la partie commune

Au tout, débat de fond en des termes usurpés.

Sa tenue apparat de coutumes reflète grossièrement.

Le cheminement doucement opéré par des variations

Dont on a préféré faire passer à un plan complètement

Inexistant pouvant ainsi se pencher, certain d'attention,

Vers des considérations principales réellement prioritaires.

Le morceau est là, flânant, proposant à la discussion

Une présence originale au niveau qui lui est ouvert,

Permis, apportant surtout une originalité inconnu, addition,

Plus l'atout d'êtres couverts d'une manière évidente

Pour le porteur, cela apparaît comme allant de soit.

Oui mais voilà, l'individu est là, la mine gesticulante

Comme animé par un autre type de circulation, une.

Refait alors surface la dissimulation prolongée au delà des doigts

Venue avoir séance à un endroit autrefois prohibée.

VORTEX

L'osmose devenue symbiose face à l'harmonie lui procure

Des filaments concernant l'uniformité de sa coordination.

La conclusion mitonnée d'un mélange aux montants si abstrait

Déduit doucement une soustraction de la plénitude ombrageuse

Parcellaire conservant par voie de dissimulation

Ces qualités nommées à juste titre voulant bien exister

Sans doute atteinte par cette contemporanéité fâcheuse,

Relève de l'habitude de les cacher substituant leur retrait,

Le dévoilement du pan sciemment disposé implique mécaniquement

Une rotation collective postant l'appellation consacrée

Vers la partie une fois de plus illuminée

Grâce à ce soulèvement portant un désenclavement

Accompagné de fines impulsions aériennes

Diffusant judicieusement de pertinentes décharges

Démarrant des tournoiements augmentant progressivement leurs marges

Au point d'adhérer à des longueurs pérennes.

ABSORPTION

La matière prête se tient inerte sur son appui.

Sa composition inaliénable à la connaissance des parties

En présence dissipe la nature de sa fonction

Dans le périmètre déterminé par la limite de son champ d'action.

Dès lors la traîné de poudre scintillante défini sa figure

À la poursuite de l'articulé maintenant fermement

L'objet du déluge destiné à attribuer toute sa capacité

Au stationnaire identifié en place positionné de manière

À pouvoir accueillir au moment opportun

La raison de son existence pourtant inconnu à la conception,

Nécessaire de l'utilité la découverte faite d'une complémentarité.

Outre fabule doucement mais sûrement exponentiellement.

Le valeureux est ici traitée par l'aspect concret

Revêtu discrètement sous cette monté promulguant le dessein

Façonné aux contours accordés, l'environnement informel replet,

Apportant fatalement l'autour, dirigeant l'engagement de ces missions.

MOULANT

Le dénivelé vertical descend le long de la ligne

Régulière. Arrive alors la chute brouillant la sérénité

Par un tumulte de cascade abrutissante de force

Plongeant obligatoirement vers une immersion profonde.

L'attention portée a cette rondeur tortueuse

Manifestant souvent à des occasions précises la nécessité

De pallier aux instants passés à cumuler les gonflements,

Permettant d'obtenir la faculté de résister aux instants

Indélicats d'avoir à se mesurer aux apparences

Formées, de résoudre le système ses diamètres,

Opposés aux rigidités de mise, complice digne

De la courbe fluette, mais coquette, lourde

D'impact sur la base des éléments employés à s'extraire

De la sphère ainsi déployée sur une autre direction

Requérant l'option de faire dévier la primeur de sa promise.

Puis devoir relativiser quant aux priorités en action.

JUSTIFICATIF

L'aléa de la situation globale internationale

Poursuit des raisons par lesquelles les pourfendeurs

Trouveraient un renouveau à leurs poses statutaires

Fabriquées au long de beaucoup d'années normales

Patiemment, en consolidant quotidiennement la défaillance

Envisagée pointant le bout de son nez

À toutes occasions, tout le temps, l'ordre régulateur

Augurant du lendemain proposant cette permanence.

Les velléités agrémentées de profonds compliments volontaires.

Donnant naissance à des piliers certains rôdés.

Traversant les portes ouvertes facilement

Face à la détermination rencontrée justement

Poussant d'autant plus à appuyer la vitesse

D'exécution qu'elle provient d'une gestuelle adoptant

Dominant traitements et adresse combinée à des délicatesses

Amenant progressivement d'opportuns discernements.

BOUGEOTTE

L'environ ceint la plaine par de lointaines contrées

Différenciées au gré du chemin par des variations

Internes touchant la forme du commun permettant par

Cette originalité de continuité à dénommer

La découverte de la même appellation. L'apposition ainsi faite

Servant à renforcer l'ensemble tout au long des allées

Lui attribuant en ces lieux épars

Une soudaineté rendant vivant le paysage parsemé

De tous côtés de verdure foisonnante, habillant les finitions

D'un vêtement unique scintillant sous les rayons,

Altérant la composition de l'ambiance des alentours

Formant aussi une partition sonore complète

Dû à l'alternance des mouvements des éléments peuplant

La partie concernée en altitude comme au sol au détour

D'un terrier obligeant l'occupant à augmenter son fond

En le faisant se déplacer plusieurs fois avec énormément d'allant.

PÉAGE

Le premier de chaque rangée à avoir rempli

Sa mission se doit, par contribution,

De patienter jusqu'à la fin de la croissance du dernier de sa génération

Afin de pouvoir faire la connaissance de celui-ci,

Puis de constater par vérifications succinctes la partie qui le différencie

Pour ainsi appliquer une opération appropriée

Établissant le résultat de cette recherche dont la rétribution

Sera tributaire au niveau du numéraire à décerner

Comblant, cependant, la marge se situant à l'emplacement indéfini

Perçu comme étant la part involontaire en proie à l'évolution

Encore mal maîtrisée source de pousses plurielles

Foyers prioritaires des bonnes intentions même occasionnelles

Coïncidant souvent, provenance aléatoire indispensable,

Avec une couverture devenu incontournable face à l'immensité

De l'augmentation des tensions désormais palpables,

À intégrer au risque de franchir les frontières délimitées.

BRICOLAGE

La bulle énorme gonfle sur le terrain de terre.

Les mouvements se multiplient dans tout les sens.

Les interactions donnant lieu à des intersections

Grouillent le fourmillement est permanent, l'atmosphère

Se peuple d'une ambiance prospère où le balais des fers présents

Animent la zone la définissant comme étant

La scène d'une magnifique pièce livrant plusieurs éléments en même temps.

Dans cet écrin bouillant grandit à mini coup de manivelle

Un petit échafaud structuré si bien qu'il arrive à produire

Un atelier dénommé de la sorte par la prise de position de ces constituants

Destiné à fournir l'ensemble de la sphère ici traitée de manière telle

Qu'elle soit les prémices à une superposition

D'informations aboutissant distinctement à la réalisation

D'appellations dont la divulgation diffusera de toutes parts une cadence

Menant les outils vers une autre direction

Leur pourvoyant la diligence nécessaire à bien reluire.

TOURNURE

Abrasif comme le chemin emprunté simplement juste pour remettre

En place un ordre commun selon lequel les possibilités

Sont à portée de chacun moyennant une once de volonté

Ajourée à l'émission d'un souhait patiemment formulé

Durant une période d'encaissement occupé à développer

Une grande humilité servant aux instants de réussite

Dénuée de gains significatifs étapes de la croissance faisant office

De points de passage au cours desquels un contrôle

Concernant ces aspects est effectué. L'issue positive

À ces vérifications indispensables à une poursuite

De l'évolution saine occasionne la traversée vers une stabilité lisse

De toutes aspérités pouvant engendrer des soubresauts drôles

Dont la certification garantie la permission de tabler

Forcément sur des éléments aux pré-requis bien fondés

Augmentant continuellement l'espace à reconnaître

Renforçant la constitution de plus amples missives.

SOUPE

Hop autre pot en position arrière investit la considération des situations

Par sa simple constitution par sa simple fabrication

Plus exactement encore plus exactement mais en réalité ce qui en fait ce qu'il est

Aujourd'hui est bel et bien sa forme adapté à la partie qui avait

Besoin d'un morceau de matériau façonné ainsi incurvé.

Le précieux contenant destiné à venir remplir

S'en trouvant muni d'une aire d'accueil propice

La petite unité locale parfois aux apparences

De bocal peut se terrer puis se taire

Face aux immenses sensibilités insufflées au milieu du monde

En ayant juste à vivre ce qui lui est possible par sa notoriété

Largement diffusée dont la fonction à de plus déjà été usitée.

Le volubile dans cette affaire est la récursivité constatée au sein de la sphère

Du recours à ce type de produit basique arrivé

A point nommé pour venir naturellement s'établir

Quand le déploiement des évènements vers lui abonde.

AUTONOME

Brave homme a pensé tout l'été aux instants passés

Devant la montagne d'événements à mettre en place

Souhaitant connaître l'ordre réel dans lequel il serait

Opportun de voir instaurer cette occupation dans le but de lui octroyer

Un sens en fait car selon les préjugés tout en aurait un.

La consistance désirée obtenu par la prise de connaissance.

Des pas à mener apportant un taux de crédibilité atteint

Situé aux confins de l'existence, il convient, il est vrai

De se maintenir à cet emplacement extrême.

Pouvoir utiliser les outils nécessaires servant à étayer

Les éléments employés à leur juxtaposition suprême

Permettant de trôner sur cette surface méritée.

Ainsi la splendeur des perspectives, pour les moments

Préparées, réservera sont adéquation avec la maîtrise

Qui en a été faite, montre de manière égale au bon entendement

Gageant la préservation de son propagateur de surprises.

APPLICATION

Tournure faite la revue d'ensemble agglomère la combustion.

En haut de la crête l'obligeance décrète une viscosité démarrant

Les pistons parés à développer leurs formidables capacités

À faire grossir une cellule chaque fois qu'ils auront été

Amené à opérer une circonvolution chambre de l'antithèse,

Instigatrice d'une démarche nettoyant dans un premier temps

Afin de pouvoir poser un substrat créateur d'adhésion

Solide, fixation où viendra consécutivement à une première.

Strate s'amonceler une seconde dont la taille sera fonction.

Du principe impliquant le poids en rapport avec la tension.

Ce qui conditionnera l'assise de l'édifice, supère repère

En matière de gestion des ressources présentes à leur aise

Encadrant l'environnement muet comme producteur de décibel

Abstrait concret mouvant ou inerte de belle

Facture disposant à souhait autour de faits

Des piquets balisant la partie commune du bas jusqu'au sommet.

GOUTTE

Au sol la sécheresse durcie l'enclave formé au fil.

Du temps par les actions radicales des occupants.

L'oraison bannie voit son abreuvoir plein

Se conserver tout au long de la saison gardant en son sein

La préciosité de ses nouvelles ménagées face aux incandescentes

Braises naissant de tentatives de réchauffement.

La lueur obtenue, avivant la certitude d'exactitudes,

Induit un mouvement indépendant jeune dont la sensation,

Pourtant récente, cause au fond des crevasses le prélude

À des perspectives de rénovations remontant faciles, subtiles

Pour enjouer d'un passage velouté la voluptueuse énergie, inclinaison

Vers une allée sinueuse tortueuses, descente

Menant tout droit sur l'appropriation absorbante

De la hauteur régénérant ainsi dans un périmètre

Certes réduit la marque impassible au diamètre

Correspondant à ce qui lui aura été attribué lors de l'entente.

Table des matières